불통이 불만입니다

나를 살리고, 관계를 살리고, 인생을 살리는 소통력
불통이 불만입니다

초판 1쇄 인쇄 2019년 12월 16일
초판 1쇄 발행 2019년 12월 18일

지은이 홍석고

발행인 백유미 조영석
발행처 (주)라온아시아
주소 서울특별시 서초구 효령로 34길 4, 프린스효령빌딩 5F

등록 2016년 7월 5일 제 2016-000141호
전화 070-7600-8230 **팩스** 070-4754-2473

값 15,000원
ISBN 979-11-90233-37-8 (03190)

라온북은 독자 여러분의 소중한 원고를 기다리고 있습니다. (raonbook@raonasia.co.kr)

나를 살리고,
관계를 살리고,
인생을 살리는
소통력

불통이 불만입니다

홍석고 지음

RAON
BOOK

모든 것은 결국 Human Business, 나의 진정성을 소통하라

오랫동안 우리 사회를 지탱해 왔던 수직적 산업, 수직적 사회구조가 수평적 형태로 급격히 바뀌면서 상생, 공존, 협력, 균형이라는 새로운 패러다임에 대한 고민이 커지고 있다. 이것은 무엇보다 단계 단계마다 의사소통을 중시하고 서로 다름의 틈을 좁히기 위한 노력이 그 바탕이 되는 것이다.

거울은 혼자 웃지 않는다. 남과 소통하고 남을 이해한다는 것은 수학적 단순한 의미가 아니다. 나를 상대방에 대입하고 상대방을 내 처지로 바꾸어내는 심정적 전이가 가능할 때 진정성이 느껴지는 것이다. 그렇다 소통은 기술보다 그 진정성이 우선이다.

오랜 관행, 습관적으로 반복되는 형식적 생각이나 의사 표현이 아니라, 보다 구체적이고 현실적인 그리고 진솔한 의사소통 방식과 내용만이 상대방을 움직일 수 있다. 상대의 마음 깊숙이 접근할 수 있는 보편적인 철학과 가치, 상식을 토대로 한 균형 잡힌 생각(Balanced thinking)과 행동(Balanced behavior)이 밑받침되어야 한다.

이 책의 저자가 바로 그런 사람이다. 홍석고 박사는 나의 오랜 친구로서 긴 세월 동안 그를 지켜보았다. 그는 거친 세상의 시련을 당당히 맞서 버텨내면서도 그 특유의 따스함을 바탕으로 사람과 세상에 대한 믿음을 더욱 굳건히 하고 결코 미래에 대한 꿈을 잃지 않았다. 그는 절제와 성찰을 통해 겸손하게 소통하면서 자신의 의지를 반듯하게 지켜

왔다. 이 책에는 배우자와 아이들, 가족들에 대한 배려와 소통 방법 등
이 제시되어 있다. 그리고 주변 사람들과 서로 상충하는 이해의 폭을
좁히는 방법, 새로운 성과를 만들어낼 수 있는 사례들은 잔잔한 감동을
일으키기에 충분하다.

피터 드러커 교수는 '소통에서 가장 중요한 것은 말하지 않은 것을
알아듣는 것'이라 했다. 저자의 굴곡진 삶을 통한 성찰의 이야기들, 유
효한 소통의 사례들, 그러나 절제된 표현으로 행간에 숨어 있는 많은
메시지가 여러 층의 독자들에게 선한 울림을 주게 될 것이다. 이 책을
통해 현실적이고 즉각적인 도움을 주는 것을 넘어, 우리 사회 곳곳에
만연한 갈등과 반목, 대립의 틈을 좁혀나갈 좋은 계기가 되었으면 하는
바람을 가져본다.

김효준_BMW Group Korea 회장

소통의 기쁨을 느끼는 질문을 배우다

　　사람과 사람 사이의 소통에 대한 기대가 높다. 이 책에 소통의 중요성뿐만 아니라 구체적이고 다양한 방법이 산뜻하고 따뜻하게 제시되어 있다.

　　무엇보다도 질문 능력이 눈에 띈다. 주눅이 들게 하는 질문이 아니라 기를 살리고 생각의 폭을 넓히는 질문이다. 소통력을 높이고 소통의 기쁨을 키우는 질문 능력이다. 이 책을 읽고, 독자들이 소통력을 확장하고 소통의 효과를 더 많이 경험하기를 기대한다.

반신환_한남대학교 교수

진심에서 나오는 소통을 경험하라

나는 이 책을 단숨에 읽었다. 때로는 눈시울을 적시기도 하고, 활짝 웃기도 하며, 배움과 성찰에 힘찬 손뼉을 치느라고 손에서 책을 놓을 수가 없었기 때문이다. 이 책에는 저자의 진정성이 녹아 있다. 그는 인생의 수많은 역경을 겪으면서 습득한 경험과 노력을 바탕으로 인간관계를 코치한다.

저자는 소통의 달인이다. 그를 만나면 마음이 편하고 마냥 기분이 좋다. 그러한 친밀감과 편안함은 바로 소통력에서 나온다. 소통력이란 어느 날 갑자기 말이나 생각으로만 되는 것이 아니다. 내면으로부터 진심 어린 마음에서 우러나오는 것이기 때문이다. 그만큼 내면의 토양이 구축되어야 한다.

관계와 소통을 중시하는 긍정심리학으로 저자와 동행하는 나는 참 행복하다. 저자는 최근 심리학에서 가장 주목받고 있는 긍정심리학의 최고 전문가 중 한 명이다. 당신도 행복해지고 싶은가? 성공하고 싶은가? 소통의 달인이 되고 싶은가? 이 책을 읽어보라. 이 책이 당신을 행복과 성공, 소통의 달인으로 만들어 줄 것이다.

우문식_한국긍정심리연구소 소장

나는 왜 중년의 나이에
소통력을 공부하게 되었나?

지금까지 나는 여러 차례 도전과 실패, 좌절과 위기를 넘나들었다. 인생의 굴곡을 넘으며 쉼 없이 달려 어느덧 60대 중반을 맞이하는 동안 한 가지 깨달은 것이 있다. 바로 '소통이 원활하지 못하면, 고통을 짊어져야 한다'는 것이다. 결국 잦은 굴곡의 원인은 소통의 부재에 있었다.

20년 전 나는 40대 중반의 나이에 감당하기 힘든 시련과 고통을 맛보았다. 건축과 부동산 컨설팅으로 잘나가던 때에 전 재산은 물론 꿈과 명예도 산산조각이 났다. 결정적인 순간에 관계가 틀어진 결과였다.

인간관계와 소통에는 늘 자신 있다고 생각했다. 그러나 돌이켜보니 '나는 맞고, 정직하고, 정확하다'는 자만심으로 가득했다. 그러다 보니 상대방과 멀어지게 되었고, 때로는 논쟁을 불러일으키기도 했다. '사람마다 소통 방식이 다르다'는 것을 알지 못했기 때문이다.

"이제 나는 무엇을 해야 할까?"

"어떻게 살아가야 할까?"
"내가 나아갈 방향은 어디일까?"

나는 배움의 길을 선택했다. 고등학교 졸업 후 35년이 지난 50대 중반의 나이에 대학에 진학했다. 이후 10여 년 동안 상담과 코칭을 공부하고 60대 중반의 나이에 박사 학위를 취득했다. 현재 나는 인간관계를 코칭하는 소통 전문가로 활동하고 있다.

그동안 나의 잠재력과 강점을 믿으며 끊임없이 노력했다. 맨 먼저 나 자신과 소통을 시작했다. 내가 그 소통의 씨앗을 심지 않았다면 새로운 길은 열리지 않았을 것이다. 꿈을 이루었다는 사실이 참으로 다행스럽고 감사하다.

다른 사람들의 성장과 발전에 도움이 되는 경험과 노하우를 나누기 위해 이 책을 썼다. 다른 사람들의 도움으로 지금의 내가 있기 때문이다. 다음과 같은 사람들에게 이 책을 권하고 싶다.

먼저 인생의 전환기에 들어선 분들에게 권한다. 누구에게나 인생의 전환기가 찾아오게 마련이다. 사람들은 보통 은퇴를 앞둔 50대 또는 60대에 인생의 전환기를 맞이한다. 그동안 앞만 보며 치열하게 살아온 자신을 향해 질문을 던진다.

"이제 나는 어떤 삶을 살아야 하는가?"
"앞으로 무슨 일을 할 수 있는가?"
"이 나이에 시작할 수 있는 것은 무엇인가?"

사람들은 새로운 인생을 이야기하면서도 과거에서 벗어나지 못한다. 기존의 생각과 관점을 버리지 못한 채 새로운 길로 나아가려고 한다. 과거의 문을 닫아야 새로운 기회의 문이 열린다는 것을 알지 못하는 것이다.

"그동안 어떻게 일을 했는가?"
"자신을 어떻게 생각하는가?"
"사람들과 어떻게 소통했는가?"

이 책을 읽는 동안 이러한 질문에 답을 하게 될 것이다. 자신의 소통력을 성찰하고 관점의 전환이 이루어진다면 새로운 도약의 발걸음을 내디딜 것이다.

다음은 발전과 성공을 꿈꾸는 직장인과 청년들에게 이 책을 권한다. 소통력이 현대인들에게 중요한 이슈가 되고 있다. 소통은 관계를 맺는 데 도움이 되고, 인간관계는 성공의 중요한 요소이다. 소통이 원활하지 못하면 어떠한 성과도 기대하기 어렵다. 소통은 상생(相生)과 윈윈(win-win)의 기회를 제공한다. 즉 소통이 만사형통(萬事亨通)이다.

현재 우리는 말이 풍년인 세상에 살고 있다. 방송, 교육, 강연, SNS 등 각종 매체에서 매일 얼마나 많은 말들이 쏟아져 나오는가? "홍수에 마실 물 없다"는 말이 있다. 소통은 말로만 하는 것이 아니다. 말보다 행동, 행동보다 내면의 울림이 더 크다. 이 책에 서술된 내용을 따라 하다 보면 어느새 주변에 활력을 불어넣으며 소통력을 발휘하고 있는 자신의 모습을 보게 될 것이다.

그다음으로는 학부모들이 꼭 읽었으면 한다. 아이들은 부모를 보면서 소통 방식과 인간관계를 배운다. 부모를 통해 언어, 감성, 관계, 성취, 자존감, 낙관주의, 사랑, 행복을 습득한다. 초등학생과 중학생들에게 다음과 같은 질문을 했다.

"학교에서 선생님이 하라는 것과 하지 말라는 것은 무엇인가?"
"집에서 엄마와 아빠가 하라는 것과 하지 말라는 것은 무엇인가?"
"두 질문의 공통점은 무엇인가?"

3가지 질문의 답을 학생들은 하나로 대답했다. '규칙'이라는 것이다. 자라나는 아이들에게는 편안하게 숨 쉴 수 있는 공간이 필요하다. 그 공간은 무엇보다 가정이 되어야 한다. 이것이 부모의 소통력이 중요한 이유이다. 이 책을 읽고 자녀를 대하는 부모님의 소통 방식에 진정한 변화가 일어난다면 더없이 행복할 것이다.

이 책에서 강조하는 것은 '관계의 성공이 인생의 성공'이라는 점이다. 이처럼 중요한 인간관계는 '상호작용'을 통해 이루어진다. 이 책에는 자신을 살리고, 관계를 살리고, 인생을 살리는 소통력에 대한 경험과 다양한 정보를 담고 있다.

이 책을 통해 소통력이 인간의 생존 수단이자 삶의 본질임을 깨닫게 될 것이다. 그리고 소통력이 필요한 시대적, 교육적, 가정적 이유를 알 수 있다. 또한 소통력에 대한 정보, 성공적인 코칭 사례 등을 통해 소통력을 높여야겠다는 동기부여를 얻게 된다. 이 책을 읽는 모든 사람들이 더 나은 소통력으로 좋은 인간관계를 맺고 행복한 삶을 이루기를 바란다.

소통코칭연구소 소장
홍석근

1부 소통하고 싶은데 왜 불통이 될까?

1장 내 뜻을 알리는 기술, 소통력

2장 불통을 없애는 8가지 방법

2부 불통의 시대에서 살아남는 법

 1장 함께하는 사람들과 대화하기

📢 2장 사랑하는 사람들과 대화하기

📢 3장 인생의 전환기를 앞둔 나와 대화하기

1부

소통하고 싶은데
왜 불통이 될까?

1장

내 뜻을 알리는
기술, 소통력

" 소통력이란 무엇인가? "

소통력은 인간관계의 핵심 역량이다

현재 우리 사회의 중요한 이슈 중 하나가 소통 문제이다. 정보 기술의 발달로 다양한 소통 방식에 둘러싸여 있으면서도 사람들은 여전히 소통에 목말라한다. 전자통신과 각종 매체를 통한 소통 방식이 오히려 인간의 감정 교류를 약화하기 때문이다. 얼굴을 마주할 일이 줄어드니 감정을 나눌 기회조차 없는 것이다.

"소통이 잘되지 않아 힘들다"고 말하는 사람들은 상대방에 대한 관심과 공감 능력이 떨어진다는 공통점이 있다. 의사소통을 잘하기 위해서는 먼저 상대방과 동질적 교감을 나눠야 한다. 동질적 교감은 직업, 학력, 나이, 외모 등의 외적 요소가 아니라 자신과 비숫한 생각이나 감정을 나누는 것이다. 동질적 교감을 통해 상호작용이 잘 이루어져야 관계가 지속된다.

상대방이 느끼는 호감과 내면의 울림이 어우러졌을 때 비로소 소통이 이루어진다. 호감은 좋게 반응하는 감정을 말하며, 울림이란 내면의 마음 저수지 깊은 곳에 파동이 일어나는 것이다. 고요한 우물에서 시원한 물 한 바가지를 퍼 올리는 것처럼 말이다. 이렇듯 소통은 내면 깊은 곳에서 이루어진다. 그리고 웃음, 슬픔, 반전, 무표정, 긴장, 용기, 희망, 긍정, 부정 등 사람마다 다양한 방식으로 나타난다. 개인의 성향과 삶의 목적, 환경, 문화적 가치에 따라 다양한 소통 방식을 선택할 수 있다.

소통이 원활하지 못하면 관계는 불통이 되고 결과적으로 모든 인간관계가 단절된다. 불통으로는 어떤 성과도 기대하기 어렵다. 이처럼 소통은 삶의 본질이자 생존 수단이다.

"인간은 사회적 동물이다"라는 아리스토텔레스의 말은 곧 인간은 관계적 존재라는 뜻이다. 사람들은 타인과 소통하며 살아갈 수밖에 없다. 가정, 이웃, 직장, 사회, 국가 등 어딘가와 반드시 연결되어 있기 때문에 소통력은 인간관계의 핵심이다.

의사소통은 정보가 아니라 지각이다

의사소통의 사전적 의미는 "가지고 있는 생각이나 뜻이 서로 통함"이며, 인간이 사회생활을 하는 데 가장 필수적인 능력이다.

그러나 이러한 소통을 누구나 잘하는 것은 아니다. 소통에 대한 명확한 이해와 함께 소통을 잘할 수 있는 방법을 찾아야 한다. 의사소통이 무엇인가를 이해하기 위해서는 그 속성을 먼저 살펴볼 필요가 있다.

경영학자 피터 드러커(Peter F. Drucker)는 『프로페셔널의 조건』에서 의사소통의 속성을 다음 4가지로 설명했다.

첫째, 의사소통은 지각(perception)이다

누군가 듣는 사람이 없다면 의미 없는 소리일 뿐 의사소통이 아니다. 발신자가 수신자의 언어와 용어로 말할 때 소통이 이루어질 수 있다. 사람은 자신이 경험하지 않은 용어를 받아들이지 못한다. 따라서 다른 사람에게 새로운 용어를 설명하려는 노력은 아무런 효과가 없다.

둘째, 의사소통은 기대(expectation)이다

사람은 상대에게 받은 인상과 자극을 자신이 기대하는 틀에 맞추려는 경향이 있다. 사람들은 대체로 보고자 하는 것을 보고 듣고자 하는 것을 듣는다. 기대하지 않았던 것은 보지 않고 듣지 않으며 잘못 이해한다. 그러므로 의사소통을 하기 전에는 수신자가 무엇을 기대하고 있는지를 알아야 한다.

셋째, 의사소통은 요구(demand)이다

수신자가 어떤 사람이 되기를, 무엇을 하기를, 무엇을 믿기를 원하는지 요구함으로써 동기부여를 한다. 이것이 수신자의 야망이나 가치관 또는 목적에 부합하면 강력한 힘을 발휘하지만 어긋나면 받아들여지지 않거나 저항을 받게 된다.

넷째, 의사소통은 정보와 다르다

의사소통은 지각인 반면 정보는 논리다. 정보는 형식적인 것으로 그 자체는 아무런 의미가 없을 뿐 아니라 인간관계와 무관하다. 정서, 가치관, 기대, 지각과 같은 인간적인 속성이 배제될수록 정보의 타당성과 신뢰성이 높아진다. 따라서 의사소통에서 가장 중요한 것은 정보가 아니라 지각이다.

소통력을 키우기 위해 상대가 원하는 것을 줄 수 있는 배려와 공감이 필요하다. 그리고 서로 다르다는 것을 인정하고, 있는 그대로 받아들이려는 포용적 자세를 가져야 한다. 또한 상대의 마음의 소리까지 들을 수 있는 경청이 중요하다. 상대에 대한 배려, 서로 다름을 인정하는 것, 마음으로 경청하는 자세가 소통력을 키우는 밑거름이다.

소통은 참살이를 위한 수단이다

인간의 삶은 자아실현과 행복을 의미하는 '참살이'가 목적이며, 소통은 참살이를 위한 수단이다. 참살이는 웰빙(well-being)의 상태를 유지하는 것으로 균형 있는 건강한 삶을 뜻한다. 즉, 인간의 전인성(wholeness) 또는 전인건강(holistic health)이다.

종교심리학자 하워드 클라인벨(Howard J. Clinebell)은 『전인건강』에서 풍요로운 삶을 이루는 7가지 중요한 요소를 '정신·정서, 몸의 건강, 친밀 관계, 일과 직업, 쉼과 여가, 세상과 자연, 영적 완성'이라고 하며 다음과 같이 말했다.

"온전한 사람의 전인건강에는 자기 자신을 사랑하는 것, 타인을 사랑하는 것, 자기의 일과 놀이를 사랑하는 것, 지구를 사랑하는 것, 모든 치유와 전인성의 원천인 성령을 사랑하는 것이 포함된다. 전인건강은 행복(happiness)과는 아주 다른 기쁨을 만들어낸다. 그것은 더 표면적인 수준에 머무르는 행복과 즐거움이 우리 생활에서 사라졌을 때도 존재할 수 있는 깊은 내적 기쁨이다. 이런 기쁨은 경이로움에 뿌리를 내린다. 이처럼 사람들이 친밀한 관계에서 얼마나 행복한지 혹은 불행한지에 영향을 미치는 요인들은 복합적이다. 전인건강은 모든 사람의 인생에 언젠가는 닥치게 되는 고통과 좌절, 분노와 상처까지 포함한다. 즉, 인간의 전인성은 상처가 없는 것이 아니라 상처가 생겼을 때 상처를 다루기 위해 선택하는 태도나 자세이다. 인간의 전인성은 살아 있고 성장하며 변화하는 유기체로, 전인성에는 각 부분과 환경이 존재한다."

전인성은 내적, 외적 균형을 이루며 성장하는 것을 의미하며 우리가 추구해야 할 방향이다. 이러한 방향을 좌우하는 것이 소통력이다. 소통력은 인간관계뿐만 아니라 자연과의 관계에서도 매우 중요하다. 자신과 이웃, 일과 놀이, 지구와 환경 등과의 소통이 원활할수록 참살이가 실현된다. 자신과의 소통, 타인과의 소통, 자연과의 소통을 통해 전인적 성장을 이룰 수 있는 것이다. 소통력은 삶에 생명력을 불러일으키며, 인간의 전인적 성장에 추동력을 발휘한다. 결과적으로 전인성이 우리를 행복한 삶으로 안내한다.

소통이 모든 문제를 해결한다

소통이 원활하지 못하면 고통을 짊어진다

40대 중반 장대비가 쏟아지던 여름날이었다. 나와 가족은 피눈물을 흘리면서 보증금도 없는 월세방으로 이사했다. 나는 건축 컨설팅으로 일군 재산을 모두 경매로 잃고 개인회생을 신청했다. 마음속은 나를 이렇게 만든 사람들에 대한 원망과 참을 수 없는 분노로 가득했다.

철저하게 무너진 내 모습은 한없이 초라했다. 사람에 대한 원망과 분노가 차오르자 내 몸도 이기지 못했다. 결국 폐에 문제가 생겨 두 차례 흉부 수술을 받기도 했다. 육체적인 고통과 경제적 어려움으로 10여 년을 암흑 속에서 살았다. 그리고 50대 중반의 나이가 되어서야 내가 실패한 원인을 깨달았다. 그것은 함께 일하던 사람들과의 관계가 틀어진 결과였다.

여느 사람들과 마찬가지로 나는 하고 싶은 말만 하고, 듣고 싶은 말만 들으려고 했다. 다른 사람들도 나에게 하고 싶은 말과 듣고 싶은 말이 있다는 것을 생각하지 못했다. "말 한마디로 천 냥 빚을 갚는다"는 속담이 당시에는 왜 떠오르지 않았을까?

당시 나의 소통 방식은 일방적이었다. 내가 실패한 원인은 소통력의 부재였다. 입으로는 소통을 말하면서 행동은 불통이었다. 실패를 통해 내가 얻은 소중한 교훈은 '소통이 원활하지 못하면 고통을 짊어진다'는 것이었다. 그나마 다행인 것은 모든 고난이 지금의 유익함을 가져다주었다는 점이다.

대부분의 사람들이 자신이 하고 싶은 말만 하고, 듣고 싶은 말만 듣는 경향이 있다. 흔히 말을 잘하면 소통을 잘한다고 생각한다. 의사소통에서 말을 잘하는 것도 중요하지만, 상대의 호감도를 높이는 상호작용이 훨씬 더 중요하다. 소통은 상대방이 느끼는 호감, 수용, 공감, 반응을 통해 이루어지기 때문이다.

미국의 심리학자 앨버트 메러비언(Albert Mehrabian)은 상대와 대화할 때 느끼는 호감과 비호감에 영향을 미치는 요소는 시각(55%), 청각(38%), 언어(7%) 순이라고 말했다. 시각적 요소는 자세, 용모, 복장, 표정, 제스처 등이며, 청각적 요소는 목소리 톤, 말투, 음색(音色), 속도 등을 포함하고, 언어적 요소는 말의 내용을 의미한다. 그러한 점에서 비언어적 요소(93%)가 언어적 요소(7%)보다 더 크게 작용한다는 것을 알 수 있다.

소통이란 특별한 것이 아니다. 우리는 소통을 너무 거창하게 생각하는 경향이 있다. 사람들은 날마다 가까운 누군가와 소통하고 있다. 일상에서 마주하는 부부, 자녀, 부모, 상사, 부하, 동료, 친구, 친지, 이웃 등 소통 대상은 실로 다양하다.

제발 내 말 좀 들어달라!

사람들은 매일 눈코 뜰 새 없이 바쁘게 살아간다. 4차 산업혁명의 소용돌이에 온 세상이 요동치고 있다. 그 변화의 속도는 우리가 생각하는 것보다 훨씬 빠르고, 불확실성은 날이 갈수록 커지고 있다. 인공지능, 정보, 기술 등의 비약적인 발달이 삶의 지형을 완전히 바꿔놓고 있다.

세계경제포럼 회장 클라우스 슈밥(Klaus Schwab)은 『제4차 산업혁명』에서 이렇게 말했다.

"세상이 더욱 디지털화되고 첨단 기술화될수록 우리는 친밀한 관계 및 사회적 연계에서 비롯되는 인간적 감성을 더욱 갈구하게 된다. 제4차 산업혁명으로 개인과 집단이 기술과 더욱 깊은 관계를 맺게 되면서, 인간이 타인과 공감할 수 있는 사회적 능력에 악영향을 끼칠 수 있다는 우려 역시 커지고 있다. 이런 상황은 더 이상 우려가 아닌 현실이 되고 있다."

기술과 산업의 발전이 사람들에게 편리함과 불안정함을 동시에 가져다준다는 뜻이다. 특히 인간관계에 가장 중요한 의사소통에 악영향을 준다.

이와 같이 불안정한 시대를 살아가는 현대인의 생존 경쟁은 그야말로 치열하다. 직장인들은 자리를 지키기 위해, 청년들은 취업을 위해, 학생들은 진학을 위해 서로 경쟁한다. 한 번도 경험해보지 못한 불확실한 미래에 자신의 모든 인생이 걸려 있는 듯 비장한 모습이다.

경쟁력을 갖추기 위해 실력을 쌓고 정보를 수집하는 데 온통 집중하는 사이 소통과는 점점 멀어지고 있다. 소통보다 성과를 중시하고, 실력과 정보력을 우선시하는 사회풍조가 초래한 현상이다. 가정과 학교, 직장과 사회에서도 실력과 정보력이 지배하고 있다고 해도 과언이 아니다.

물론 시대와 사회가 요구하는 실력과 정보력을 갖추는 것은 중요하다. 그러나 소통이 원활하지 못하면 실력과 정보력도 무용지물이 된다. 인간은 함께 살아가야 하는 존재이므로 경쟁보다 소통이 우선이다. 실력과 정보력은 경쟁보다 소통력을 높이는 데 활용되어야 한다.

정보가 빠르게 전달되고, 지식이 넘쳐나며, 말잔치가 난무하는 세상을 살아가면서도 사람들은 모두 '제발 내 말 좀 들어달라!'고 외친다. 자신의 이야기를 들어줄 사람을 찾고 있는 것이다.

사람들은 서로 싸워서 이겨야 하는 대상이 아니라 협력하며 함께 살아가야 한다. 우리는 다른 사람들과 얼마나 제대로 소통하면서 살아가고 있는가? 사람마다 소통하는 방식이 다르고, 각자의 필요와 욕구가 다양하기 때문에 그에 걸맞은 소통력을 발휘해야 한다.

소통력이 관계를 살리고 인생을 살린다

인간은 들숨과 날숨을 통해 호흡하며 생명을 유지한다. 소통도 들숨과 날숨의 상호작용이 있어야 원활하게 이루어진다. 인간관계도 숨이 트이면 살고 막히면 죽는다. 상대의 말을 충분히 듣고 수용할 수 있는 능력이 들숨이라면, 날숨은 자신의 의견을 상대에게 충실히 전달하는 능력이다. 이러한 들숨과 날숨의 대화 능력이 바로 소통력이다.

흔히 목소리 큰 사람이 이긴다고 말한다. 그러나 목소리가 크다고 소통을 잘하는 것은 결코 아니다. 중요한 것은 이기고 지는 것이 아니라 수평적인 상호작용이다. 목소리 큰 사람과 언변이 좋은 사람들만이 상황을 주도할 수 있는 것은 아니다. 급변하는 세상에서 몇 사람이 전체를 대변할 수 없다.

사람과의 관계는 통(通)해야 살아난다. 통하지 않으면 서로에게 고통(苦痛)이 따른다. 타인의 이야기나 의견을 전혀 받아들이지 않는 사람들을 고집불통이라고 한다. 고집불통이 지속되면 상대방은 울화통이 치밀어 오르고 분통을 터트리게 된다. 이러한 상황은 관계를 악화시키고 단절로 이어진다.

다음 질문을 통해 자신이 불통인지 아닌지 점검해보자.

"나는 상대방의 말을 귀담아듣지 않고 건성으로 대하고 있지
않은가?"
"상대방의 말을 무시하는 태도를 취하고 있지 않은가?"
"상대방의 말을 끝까지 듣지 않고 중간에 말을 끊거나 가로채
지 않는가?"
"상대가 말하고자 하는 의미, 필요 등의 맥락을 이해하려고 하
는가?"
"자신의 주장만을 반복하고 있지 않은가?"

우리는 다른 사람들과 서로 좋은 빛을 주고받으며 살아가야 하
는 존재들이다. 상호작용 능력을 갖춘다는 것은 무엇보다 중요한
삶의 본질을 회복하는 것이다. 소통력이 바로 자신을 살리고, 관계
를 살리고, 인생을 살리기 때문이다.
살아간다는 것은 한 번도 걸어가지 않은 길을 다른 사람과 함께
걸어가는 것이다. 따라서 소통력이 없다면 인간관계는 물론 삶의
전반에 문제가 생긴다. 나 역시 모든 문제는 소통의 부재에서 시작
되었다. 소통력을 키우는 노력을 계속해야 하는 이유이다.

" 소통력이 성공으로 이끈다 "

미래를 볼 수 있는 망원경

성공을 꿈꾸지 않는 사람은 없을 것이다. 꿈은 미래를 바라보는 망원경과 같다. 나도 꿈을 꾸었고, 미래의 내 모습을 상상했다. 사업이 실패한 절망적인 순간에도 '다시 일어설 수 있다'는 희망을 꿈꿨다. 꿈을 이룬 지금도 '또 다른 꿈'을 꾼다. 그리고 인생의 끝자락에서 빛나게 될 성공을 기대한다.

이렇게 말하는 사람들이 있다.

"나는 꿈이 없어요."

"꿈을 꾸면 뭐 해요?"

"나는 꿈이 있는지 없는지도 모르겠어요."

"꿈을 내버린 지 오래예요."

꿈이 없는 사람은 없다. 꿈의 가치를 모르는 사람은 더더욱 없을 것이다. 다만 아직까지 꿈을 발견하지 못했거나, 발견하려고 노력 중이거나, 자신의 꿈을 억누르고 있는 것이다.

자신이 하는 일이 성공하기를 바라지 않는 사람은 없다. 성공은 삶의 과정에서 이루어낸 성취가 하나씩 쌓인 결과물이다. 사소한 성취의 경험도 성공의 씨앗이 된다.

성공을 향한 인생 여정은 우주왕복선에 탑승한 우주인과 같다. 우주인은 목적지에 성공적으로 착륙하기까지 본부와 지속적인 교신을 하며 궤도를 수정한다. 우주인이라는 꿈을 이루는 데는 많은 사람들의 수고와 협력이 필요하다.

사람들은 인생에 필요한 것들을 다른 사람을 통해 얻는다. 누구도 완벽하지 않기 때문에 부족한 부분을 다른 사람이 채워주어야 한다.

성공과 실패를 가르는 요인

캘리포니아 공과대학 오브라이언(M. O'Brien) 교수는 성공에 필요한 요소에 대해 이렇게 말했다.

"나의 기록에 의하면 기술적인 실력이 없어서 실패한 졸업생은 거의 없다. 실패한 졸업생들은 기술 성적은 선두를 달렸지만 어떻게 하면 다른 사람과 함께 일을 잘해 나가는지를 몰라서 실패한 것이다. 물론 공업 부문에서는 기술적인 실력이 있어야 한다. 그러나 성공을 얻으려면 무엇보다 사람들에게 신뢰받으며 인간관계를 맺을 수 있어야 한다."

하버드 대학교의 위건(A. E. Wiggan) 교수는 가정, 사회, 직장 생활에 실패했다고 생각하는 사람들을 대상으로 "당신의 실패 원인은 무엇이라고 생각하느냐?"고 물었다. 그 결과 전문 지식이 부족해서 실패했다고 대답한 사람은 불과 15%밖에 되지 않았고, 나머지 85%는 인간관계를 잘못했기 때문이라고 대답했다.

미국의 카네기 재단은 5년간 사회적으로 성공한 사람 약 1만 명을 대상으로 "당신의 성공 비결은 무엇인가?"라고 물었다. 그 결과 위건 교수가 조사한 내용과 동일하게 약 85%의 사람들이 인간관계를 잘했기 때문에 사회적인 명성과 부를 이룰 수 있었다고 응답했다. 나머지 15%는 자신의 노력과 실력으로 성공했다고 대답했다.

펜실베이니아 대학교 와튼스쿨 교수 스튜어트 다이아몬드는 『어떻게 원하는 것을 얻는가』에서 회사에서 인정받는 사람들의 비결에 대해 다음과 같이 사례를 들어 설명했다.

"하버드 경영대학원을 우등생으로 졸업한 여학생이 캘리포니아에 있는 대기업에 들어갔다. 입사 후 3년 만에 그녀를 뽑은 회장과 CEO 그리고 부사장이 은퇴나 해고로 모두 회사를 떠났다. 새로운 경영진은 분위기 쇄신을 이유로 기존 이사들과 그녀를 해고할 생각이었다. 그러나 그동안 그녀가 쌓아둔 회사 내 탄탄한 인맥 때문에 해고할 수 없었다. 그녀는 입사 당시 자신을 적극적으로 뽑

아준 사람들이 나이가 많다는 사실을 눈치챘다. 몇 년 후 그들이 회사를 떠나면 자신의 입지가 불안할 수 있다는 것을 일찍이 간파했던 것이다. 그래서 그녀는 3년 동안 직무와 관련 없는 다른 부서의 일도 서슴없이 나서서 도와주었다. 덕분에 회사 사람들 모두 그녀를 좋아했다. 결국 새로운 경영진이 그녀를 해고하려고 했을 때, 그들은 일제히 반대의 목소리를 냈고, 그녀는 자신의 자리를 지킬 수 있었다. 결과적으로 그녀는 회사 사람들을 상대로 3년 동안 보이지 않는 소통을 함으로써 성공적인 인간관계를 맺은 것이다."

오늘날 사회에서 가장 필요한 사람은 다른 사람들과 조화롭게 사는 사람이다. 인간관계가 뛰어난 사람들은 다른 사람들과 잘 어울린다. 기업가들에게 성공과 실패의 주요 원인이 무엇이냐고 물어보면 인간관계를 첫 순위로 꼽을 것이다. 또한 기업의 CEO들에게 리더가 갖추어야 할 가장 중요한 자질을 묻는다면 함께 일할 수 있는 인간관계 능력이라고 대답할 것이다.

인생은 비즈니스, 어떻게 팔 것인가?

인생은 자신의 가치를 파는 비즈니스와 같다. 인생의 비즈니스를 위해 상대방이 나에 대한 상품 가치와 구매력을 느껴야 한다. 그러기 위해서는 자신의 가치를 설명하기보다 고객의 이야기를 먼저 듣는 것이 중요하다. 자신이 고객의 욕구에 알맞은 상품인지를 점검할 수 있기 때문이다. 인간관계 전문가 데일 카네기는 『인간관계는 소통과 설득이다』에서 인간관계를 비즈니스에 비유했다.

"당신은 상사에게 자신을 팔아야 한다. 그러지 않으면 성공은 어림도 없는 일이다. 당신은 애인에게 자신을 팔지 않으면 라이벌에게 지고 말 것이고, 친구에게 자신을 팔지 않으면 고독하게 살아갈 것이다. 자신의 아이들에게도 자신을 팔아야 한다. 그러지 않으면 아이들도 싫어하게 된다. 그리고 괴로움과 노여움으로 몇 해, 몇 달을 보내고 나서 다시 생각해보라. 인생이란 끊임없는 '팔기 경쟁'임을 알 수 있을 것이다."

인간관계를 맺기 위해서는 사람을 다루는 능력이 필요하다. 사람을 잘 다룬다는 것은 중요한 경쟁력이다. 하지만 사람을 다루려고만 한다면 의사소통에 장애가 생긴다. 다른 사람도 나를 다루고 있다는 것을 생각해야 한다. 고객은 자신의 이야기를 하고 설명을 들으면서 '나를 위한 것인지, 당신을 위한 것인지, 아니면 서로를 위한 것인지'를 계산한다. 고객은 머릿속 계산이 끝난 후에야 결정한다. 자신이 이루어낸 성과나 업적이 고객의 선택이었다는 것을 기억해야 한다. 먼저 손을 내밀어야 고객이 나를 선택한다.

꿈을 이루어준 셀프 대화

66

99

셀프 대화가 주도성을 키운다

나는 사업에 실패한 원인이 소통의 부재라는 것을 깨닫고 공부를 하기 시작했다. 흐트러진 인생을 재구성하기까지 10년이 걸렸다. 공부하는 동안 나 자신과의 대화를 자주 나눴다. 그리고 이 셀프(self) 대화가 박사 학위 취득과 함께 대학 강단으로 이끌어주었다. 나의 경우처럼 셀프 대화는 주도성을 키우는 데 놀라운 힘을 발휘한다. 내가 주로 나눈 셀프 대화 내용은 다음과 같다.

"네 인생의 주인은 누구야?"

"내 인생의 주인은 당연히 나지!"

"사람이나 환경, 또 다른 어떤 것이 너를 이끌어가고 있지?"

"그 또한 나지! 내가 나를 이끌어가지, 누가 나를 이끌겠어? 환경은 뛰어넘어야 해!"

"앞으로 어떤 삶을 살고 싶어?"

"잘살고 싶어. 아주 잘살고 싶어."

"잘살고 싶다는 것이 어떤 건지 조금 더 구체적으로 말해줄래?"

"내 뜻대로 살고 싶어. 가치 있고 의미 있는 그날이 빨리 오기를 바라는 마음뿐이야."

"어떤 날을 말하는 거지?"

"박사 학위와 전문 자격을 갖추고 소통전문연구소를 개설하는 날, 또 대학에서 강의하는 날 말이야."

"그것이 너에게 중요한 이유가 뭐지?"

"나는 숱한 고난 속에서 역경의 길을 걸어왔잖아. 사람들이 힘들어하는 모습을 보면서 그들과 함께하고 싶다는 생각이 들었고 그것만으로도 좋을 것 같아."

"현재의 삶은 어때?"

"알다시피 여간 힘든 게 아니야. 그래도 해낼 수 있어!"

"그 꿈이 언제쯤 이루어질 수 있을까?"

"늦어도 10년 내에 이루어낼 수 있을 거야."

"너의 어떤 강점으로 그 꿈을 이룰 수 있을까?"

"끈기, 열정, 집중력이라고 생각해. 그리고 내 꿈을 항상 생각할 거야!"

"꿈을 이룬 네 자신에게 어떤 말을 해주고 싶어?"

"축하한다. 정말 수고 많았다. 대단하고 장하다. 기쁘고 행복하다!"

기업의 키맨은 주도적인 사람이다

누구나 자신에게 맞닥뜨린 상황을 주도하고 싶어 한다. 주도는 '주동적인 처지가 되어 이끈다'는 뜻으로 주도권과 주도성으로 나눌 수 있다. 주도권은 '주동적인 권리나 권력의 의미'를 담고 있는 반면, 주도성은 '주도적 입장에 서는 성질이나 특성'을 말한다. 주도성은 학습뿐만 아니라 기업의 업무와 일상의 일, 운동, 건강, 육아, 임상 등 생활의 모든 영역에 적용된다.

현장 중심의 책임 경영이 강조되면서 기업에서도 주도성을 갖춘 인재를 요구하고 있다. 주도성을 갖춘 인재는 기업의 경쟁력에 중요한 키맨(keyman)이 된다.

작가이자 기업가인 황인경은 기업에 필요한 인재가 갖춰야 할 주도성에 대해 다음과 같이 말했다.

"인적자원의 질이 기업 경쟁력을 결정하는 핵심적인 역할을 하게 되면서 주요 요인 중 하나로 주도성이 주목받고 있다. 주도성이란 개인에게 주어진 업무를 하는 이유와 방법, 결과에 대해 책임감을 가지고 맡은 업무를 성취하는 의지와 행동을 말한다. 조직 내에서 자신의 역할이 무엇인지를 인지함은 물론 업무 수행에 필요한 지식과 제반 정보를 스스로 습득하여 일정 기간 내에 성과를 이루어내는 행동을 의미한다." (『LG주간경제』, 2002. 9. 4, '경영정보', '주도성을 갖춘 인재가 중요하다')

로체스터 대학교 사회심리학 교수 에드워드 데시와 리처드 라이언(Edward L. Deci & Richard M. Ryan)은 주도성에 크게 영향을 미치는 기본 심리 욕구를 자율성, 유능성, 관계성이라고 주장하면서, "생물이 생존하기 위해 영양분이 필수적인 것처럼 심리적으로 제대로 기능하기 위한 필수적 기본 요소이다"(『기독교인의 자기결정성이 기질적 낙관성과 설명양식 낙관성에 미치는 영향 : 인구 통계학적 특성을 중심으로』, 홍석고, 한남대학교 박사 학위 논문, 2019, 13쪽)라고 말했다.

자율성은 다른 사람의 강요가 아니라 스스로 목표를 정하고 중요한 것과 중요하지 않은 것을 스스로 결정해서 행동하는 것을 말한다. 유능성은 자신의 능력을 발휘하고자 하는 욕구이며, 사회와의 상호작용으로 이루어진다. 관계성은 주위 사람들과 좋은 관계를 맺고 집단에 소속되고자 하는 감정이다.

이러한 기본적인 욕구들이 지속적으로 채워지면서 사람은 성장하고, 효과적으로 기능하며, 심리적 안정을 경험한다. 특히 주도성은 사회 또는 외부와 얼마만큼 소통이 잘 이루어지느냐에 달렸다.

주도적인 사람들의 특징

주도성이란 스스로를 이끌어나가는 것이다. 주도성을 가진 사람은 자신의 의지대로 행동하며 자기에 대한 책임을 진다. 삶의 고통은 일어난 사건이 아니라 거기에 대한 나의 반응과 선택에서 비롯되기 때문이다.

조직행동학 교수였던 스티븐 코비(Stephen Covey)는 『성공하는 사람들의 7가지 습관』에서 주도성에 대해 이렇게 말했다.

"주도성이란 스스로의 삶에 대해 책임을 져야 한다는 뜻이다. 우리의 행동은 자신의 의사결정에 의한 것이지 결코 주변 여건에 의해 좌우되는 것이 아니다. 우리의 가치가 감정을 지배할 수 있다. 또 우리는 어떤 일을 수행하는 데 있어 주도적으로 하고 그 책임도 질 수 있다. 그렇기 때문에 감정보다 가치를 우위에 놓아야 한다."

주도적인 사람들은 몇 가지 특징을 가지고 있다. 첫째, 일을 주도적으로 수행하고 책임을 인정한다. 둘째, 자신이 행동한 결과에 대해 분위기, 주변 여건 등의 영향 때문이라고 변명하지 않는다. 셋째, 자신의 가치관을 바탕으로 의식적인 선택을 하며 기분에 좌우되거나 주변 여건에 영향을 받지 않는다.

자신의 삶이 여건이나 상황에 좌우된다는 것은 자신의 선택과 결정으로 자신이 주도할 권한을 포기하는 것이다. 이같은 선택은 우리를 대응적으로 만든다. 대응적인 사람은 종종 물리적 환경과 사회적 여건에 의해 영향을 받는다. 이러한 사람은 주위 사람들이 자기를 잘 대해주면 기분이 좋아지고, 그렇지 못하면 방어적이고 스스로를 보호하려는 태도로 바뀐다. 또한 남들을 의식하며 감정적으로 행동하고, 약점을 이용해 사람들을 통제하려고 한다. 대응적인 사람은 기분, 분위기, 조건, 그리고 주변 상황에 따라 행동한다.

이에 반해 주도적인 사람은 심사숙고하고, 스스로 선택하며, 내면화된 가치 기준에 따라 행동한다. 주도적인 사람도 외부의 물리적, 사회적, 심리적 자극에 영향을 받는다. 그러나 이들은 의식적이든 무의식적이든 가치관에 입각한 선택과 반응을 한다.

주도적인 사람은 충동에 따라 행동하기보다는 자신이 생각한 가치를 기준으로 행동한다. 사람들은 타고난 '성질이나 특성'에 따라 서로 다른 반응을 보인다. 하지만 주도성은 사람들과의 연대와 소통을 통해 얼마든지 발전시킬 수 있다.

소통의 7가지 원칙을 활용하라

소통은 인간관계의 열쇠, 성공의 지름길

소통하지 않고 사람들과 어울려 살아갈 수는 없다. 소통 능력
이 인간관계의 열쇠이며, 성공의 지름길이라는 것을 누구나 알고
있을 것이다. 그러나 어떻게 소통해야 하는지 아는 사람은 드물다.
정보화 시대에는 다양한 소통 방식을 통해 빠르게 관계를 맺을 수
있지만, 사람들은 여전히 소통에 어려움을 겪고 있다.

사람들과 관계를 맺기 위해서는 무엇보다 의사소통 능력이 필
요하다. 성공한 삶을 살고 싶은가? 사람들과 원활하게 의사소통을
하고 싶은가? 일상에서 누구나 활용할 수 있는 소통의 7가지 원칙
을 소개한다.

1. 질문으로 소통하라

2. 비전으로 소통하라

3. 행동으로 소통하라

4. 감성으로 소통하라

5. 긍정으로 소통하라

6. 강점으로 소통하라

7. 어울림으로 소통하라

1. 질문으로 소통하라

대화를 잘하는 사람들은 질문으로 이야기를 시작한다. 사람들은 처음부터 자신의 마음을 드러내지 않는다. 특히 처음 만난 사람들은 무슨 말부터 해야 할지 망설인다. 이때 먼저 인사하며, "어서 오세요. 반갑습니다! 저와 어떤 이야기를 나누고 싶으신가요?"라고 질문을 던지면 상대방은 자신의 속마음을 이야기하기 시작한다. 한마디의 질문을 통해 상대의 욕구를 끌어내는 것이다.

질문은 자신에게 하는 질문과 다른 사람에게 하는 질문이 있다. '살면서 내가 정말로 하고 싶은 것이 무엇인가?', '이 문제들은 어떻게 해결할 것인가?' 등이 자신에게 하는 질문이다. 상대방이 조금 더 창의적으로 생각하는 데 도움이 되는 질문은 '당신이 지금 하고 있는 일이 어떤 결과를 가져올 것인가?', '어떻게 하면 그 일을 무사히 마칠 수 있겠는가?' 등이다.

2. 비전으로 소통하라

열심히 일만 한다고 해서 성공하는 것이 아니다. 성공한 사람들은 먼저 꿈을 꾸고 비전을 세운다. 그들은 사람들 앞에서 자신의 꿈을 당당하게 선언한다. 자신의 꿈을 구체적으로 세우며, 매일 의도적으로 다짐한다. 그리고 자신의 꿈을 향해 힘찬 발걸음을 내딛는다. 자신의 비전에 대한 확실한 믿음이 성공의 첫걸음이다.

꿈을 꾼다고 저절로 이루어지는 것이 아니다. 명확한 계획을 세우고, 단계적으로 하나씩 실행할 때 꿈이 실현된다. 먼저 자신의 꿈을 상세히 글로 적어서 수시로 읽고 다짐한다. 그런 다음 꿈을 이루었을 때 자신의 모습을 생생하게 시각화하고, 자신에 대한 격려와 칭찬을 아끼지 않는다. 그리고 사람들 앞에서 자신의 꿈을 당당하게 밝힌다. 자신과의 진정한 소통은 꿈을 선언하고 실천하는 것이다.

3. 행동으로 소통하라

다른 사람에게 본을 보여줌으로써 자신의 가치관을 분명하게 말한다. 다른 사람들과 공통의 가치를 위해 '자신의 신념'에서 '우리의 신념'으로 전환해야 한다. 개인의 가치관을 다른 사람들과 공유하고자 행동할 때 진정한 소통이 이루어진다. 가치관의 전환은 누구도 강제할 수 없으며, 스스로 이끌어내야 한다.

공통의 가치를 가지면 각자의 독립성을 유지하면서 상호적으로 행동한다. '말보다 행동이 더 크게 말한다'는 말이 있다. 공통의 가치관은 말을 잘한다고 해서 이루어지는 것이 아니다. 행동으로 본을 보이는 것이 설득의 지름길이다. 소통에서 행동은 말보다 훨씬 더 큰 영향력을 발휘한다.

4. 감성으로 소통하라

정서적인 상호작용은 인간관계의 문을 연다. 소통을 잘하는 사람은 감성으로 상대와 상호작용을 한다. 상대의 마음을 움직일 수 있는 능력을 '감성지능'이라고한다. 감성지능이 뛰어난 사람은 친밀한 인간관계를 만들고 공동체 의식과 사기를 진작한다. 미래에는 감성지능의 창시자 다니엘 골먼이 말한 자기 인식, 자기 관리, 사회적 인식, 관계 관리 등의 공감 능력을 갖춘 의사소통 전문가가 각광받을 것이다.

자기 인식 능력은 감성적 자기 인식, 정확한 자기 평가, 자기 확신을 의미한다. 자기 관리 능력은 감정적 자기 제어, 솔직함, 적응력, 성취력, 진취성, 낙천성을 말한다. 사회적 인식 능력은 감정 이입, 조직적 인식, 서비스 능력이며, 관계 관리 능력은 영감을 불어넣는 능력, 영향력, 다른 사람을 이끌어주는 힘, 변화를 촉진하는 역량, 갈등 관리 조절, 팀워크와 협동을 이끌어내는 능력이다.

5. 긍정으로 소통하라

한마디의 말이 자신은 물론 상대방의 운명을 바꿀 수 있다. 같은 상황에 대해 한 사람은 긍정적으로 말하고, 다른 한 사람은 부정적으로 말한다면 듣는 사람의 마음은 어느 쪽으로 향할까? 미래를 긍정적으로 보는 사람과 부정적으로 보는 사람 중 누구와 함께하고 싶은가? 당연히 긍정적인 사람을 선택할 것이다.

긍정적인 사람은 다른 사람의 기분을 좋게 함으로써 관계를 확산시킨다. 긍정적인 사람은 다른 사람의 생각과 마음을 열어 새로운 인간관계를 구축한다. 긍정적인 사람은 긍정 자원을 지속적으로 구축하고 자신을 더 나은 모습으로 변화시킨다. 자신의 꿈을 이루고 행복하게 사는 긍정적인 사람이 미래의 주인공이다.

6. 강점으로 소통하라

사람은 누구나 탁월한 것 한 가지를 지니고 있다. 자신만이 가지고 있는 탁월성이 바로 강점이다. 대화를 나눌 때 상대의 강점에 관심을 가진다면 상대는 조금 더 자주 만나고 싶어 할 것이다. 반면 상대의 약점만 지적한다면 그 사람은 상처를 받거나 용기를 잃을 수 있다.

다른 사람과 깊은 인간관계를 맺고 싶다면 자신에게 질문을 던져야 한다. "저 사람의 강점은 무엇일까?", "나의 강점은 무엇인가?" "서로의 강점은 어떻게 상호작용할 수 있을까?" 이러한 질문에 대한 해답을 얻기 위해서는 상대의 강점을 찾는 안목이 필요하다. 자신과 다른 사람의 강점에 집중하는 사람은 좋아하는 일과 좋은 사람들을 동시에 만날 수 있다.

7. 어울림으로 소통하라

어울림의 사전적 의미는 '2가지 이상의 것이 서로 잘 조화됨'과 '사람들의 교제'이다. 우리는 너무나 바쁘게 살아가느라 다른 사람들과 어울릴 시간이 없다. 서로 만나야 진지한 이야기를 나누고 안식의 시간을 가질 수 있는데 말이다.

사람들과 어울리지 않으면 관계나 소통이 원활할 수 없다. 어울린다는 것은 소통의 장을 펼치는 것이다. 특별한 목적을 가지고 어울리기보다 평소에 자연스러운 친교를 통해 서로에게 관심을 가져야 한다. 어울리기 위해서는 한 발 먼저 다가가야 한다.

2장

불통을 없애는
8가지 방법

66
질문 능력과 질문의 힘
99

유능한 사람은 질문을 잘한다

단순한 말로 메시지를 전하는 것이 아니라 성찰과 성장을 위한 의사소통 기법이 필요하다. 그중 가장 강력한 도구가 바로 '질문'이다.

동기부여 컨설턴트 도로시 리즈(Dorothy Leeds)는 20년 이상 질문의 역할에 대해 연구한 결과를 『질문의 7가지 힘』에서 다음과 같이 밝혔다.

• 질문을 하면 답이 나온다.
• 질문은 생각을 자극한다.

- 질문을 하면 정보를 얻는다.
- 질문을 하면 통제가 된다.
- 질문은 마음을 열어준다.
- 질문은 귀를 기울이게 한다.
- 질문에 답하면 스스로 설득이 된다.

구체적으로 설명하면 다음과 같다.

- 질문을 받으면 대답을 하지 않을 수 없다. 이러한 의무감을 응답반사라고 한다.
- 질문하는 사람과 받는 사람의 사고를 자극한다.
- 적절한 질문을 하면 원하는 정보를 얻을 수 있다.
- 모든 사람은 스스로 상황을 통제하고 있을 때 편안하고 안전하다고 느낀다. 그런 점에서 질문하는 사람은 대답을 요구하는 입장에 있기 때문에 더 유리하다.
- 사람들은 자신의 사연, 의견, 관점에 대한 질문을 받으면 우쭐해한다. 질문은 상대에 대한 관심을 보여주는 것이므로 과묵한 사람이라도 자신의 생각과 감정을 드러낸다.
- 적절한 질문은 더욱 명확한 대답을 끌어내고 집중하게 만든다.
- 사람들은 타인의 말보다 자신의 생각을 믿는다. 질문을 통해 상대의 마음을 자신이 원하는 방향으로 움직일 수 있다.

의사소통이 중요한 이유는 인간관계의 핵심이기 때문이다. 원활한 의사소통을 위한 가장 좋은 기법은 질문이다. 질문을 주저하지 않아야 한다. 상대의 권위에 도전하는 것으로 비쳐질까 봐 질문을 망설일 수 있다. 질문하는 자신이 무능하게 보일까 봐 걱정하기도 한다. 그러나 전혀 염려할 것 없다. 상대는 질문을 기다린다. 질문은 내가 아닌 상대를 위한 일이다.

적절한 질문 능력을 갖춰야 한다

나는 상대의 불편함을 덜어주기 위해 질문을 한다. 어떤 사람은 마치 질문을 기다리고 있었다는 듯이 구체적인 설명이나 대답을 한다. 가끔 불쾌하게 반응하는 사람도 있고, 언짢은 표정을 짓거나 말을 멈추기도 한다. 이처럼 질문에 대한 반응은 사람마다 다르다.

한번은 지인과 대화하면서 자연스럽게 질문을 건넸다.

"요즘 무엇에 제일 관심이 많으세요?"
"그야 당연히 사업이지요."
"사업에 대해 조금 더 구체적으로 설명해주실 수 있나요?"
"갑자기 사업이 바빠져서 정신이 없을 정도예요. 그런데 직원들이 따라오지 못하네요. 스스로 준비하지도 않고, 회사의 장래에 대해서도 관심이 없어요. 스스로 일하면 좋을 텐데 제가 일일이 신경 쓰지 않으면 회사가 돌아가지 않아요. 회사 규모는 커지고 있는데, 언제까지 이래야 할지 모르겠어요."

"혹시 직원들이 그러는 이유를 알고 있나요?"

"요즘 젊은 사람들이 다 그렇죠, 뭐."

"그 말은 어떤 의미인가요?"

"일하는 자세나 책임감이 부족하다는 거예요."

"직원들의 업무적인 권한과 책임에 대해 어떻게 생각하세요?"

"나처럼 일하기 편한 상사도 없을 거예요. 전권을 주는 편이거
든요. 결과는 그때그때 보고받고 있죠."

"자신과 직원들의 생각이 어떻게 다른가요?"

"이제 그만하시지요. 이러다 회사 기밀까지 드러나겠어요. 너
무 자세히 물어보시네요."

대화가 잘 진행되고 있다고 생각했는데 갑자기 멈췄다. 상대가
자기 회사의 내부적인 상황이 드러나는 것을 꺼렸기 때문이다. 특
히 상대에게 질문 대화에 대한 설명을 하지 않았다. 질문 대화에
대해 잘 모르는 사람에게는 미리 설명하고 시작하는 것이 좋다.

몇 개월이 지난 후 그가 자기 회사로 나를 초청했다.

"지난번에 대화하면서 속으로 움찔했어요. 회사는 성장하고
있는데 직원들을 보면 답답했거든요. 직원들과 함께 질문도
받고, 교육도 받고 싶습니다."

"어떤 점에서 그것을 느끼게 되었는지요?"

"직원들에게 권한을 위임했다고 했지만, 사실은 아니었다는 것을 깨닫게 되었습니다."

이렇듯 질문을 받으면 자신을 성찰하게 된다. 자신을 위한 질문이라는 것을 깨닫는 것이다. 유의할 점은 개인적인 궁금증을 해소하거나 정보를 얻기 위한 질문을 해서는 안 된다는 것이다. 자신이 가진 정보가 드러난다는 생각이 드는 순간 방어 자세를 취하게 된다. 상대에 따라 적절한 질문을 할 수 있는 능력을 갖춰야 한다.

어떤 질문을 할 것인가?

우리는 언어 또는 다양한 비언어적 방식으로 의사소통을 한다. 우리의 대화는 대개 자기중심적이다. 자신이 이미 알고 있거나 경험한 것, 자신의 생각, 필요한 내용을 바탕으로 이야기하기 때문이다. 자기중심적 대화는 일방적으로 말하고 지시하는 것이다. 답을 제시하고, 감정적이거나 부정적이며, 충고하거나 다그친다.

그에 비해 상대 중심 대화는 상대방의 말을 많이 듣고, 수평적인 관계에서 소통하며, 답을 제시하지 않고, 상대를 존중한다. 상대 중심 대화는 주로 질문을 통한 대화가 이루어질 때 효과가 극대화된다. 상대 중심 대화법에 익숙해지기 위해 다음 순서에 따라 연습해보자.

첫째, 스스로를 이해하기 위한 질문을 하라

"나의 목적은 무엇인가?"

"이 문제에 대해 나는 어떻게 느끼고 있는가?"

"내가 정말 하고 싶은 말은 무엇인가?"

"그만한 가치가 있는 일인가?"

"그 일을 하지 않으면 어떤 후회를 하게 될까?"

둘째, 상대의 말을 구체적으로 이해하기 위한 질문을 하라

"조금 더 구체적으로 설명해줄 수 있는가?"

"그 말의 의미는 무엇인가?"

"예를 들어 설명할 줄 수 있는가?"

"어떤 결과를 기대하는가?"

"내가 한 말에 대해 궁금한 점은 무엇인가?"

셋째, 상대가 말한 의미를 이해하기 위한 질문을 하라

"그 일이 얼마나 간절하게 느껴지는가?"

"그 문제에 대해 어떤 생각이 들었는가?"

"자신에게 가장 중요한 것은 무엇인가?"

"어떤 관점에서 질문을 하는 것인가?"

"상대방은 어떤 입장이라고 생각하는가?"

넷째, 대화를 마무리하기 위한 질문을 하라

"서로 합의가 잘 이루어졌는가?"

"내가 말한 것을 올바르게 이해했는가?"

"당신의 질문에 대한 나의 대답이 충실했는가?"

"앞으로도 계속 진행할 의사가 있는가?"

"어떤 면에서 만족할 만한 가치가 있는가?"

우리는 질문에 익숙하지 않다. 질문하지 않는 것은 물론이고 상대의 질문에 대답하는 것조차 어색해한다. 하지만 의사소통을 원활하게 하기 위해서는 지속적으로 질문해야 한다. 질문은 자신과 상대방 모두의 창의성과 잠재력을 향상시킨다.

삶의 질을 높이려면 질문을 바꿔야 한다

질문을 하지 않는다면 삶의 진보를 이루기 어려울 것이다. 질문을 통해 개인적인 상황이나 사회적인 환경에 대해 공감하면서 더 깊은 관계를 맺는다. 특히 호기심을 갖게 하는 질문은 창의성을 끌어내 과학적 탐구와 발전을 이루어낸다.

CIT 코칭연구소 박정영 박사의 『3CS I Basic』에는 다음과 같은 내용이 나온다.

우리가 습관적으로 하는 질문은 2차원적이거나 평면적이기 때문에 조금만 관점을 달리하면 보다 풍부하고 입체적인 질문을 할 수 있다. 입체적인 질문은 거시적 질문, 세부적 질문, 미래 질문, 과거 질문으로 나눌 수 있다. 다음 예시에 따라 꾸준히 연습한다면 질문 역량이 성장할 것이다.

첫째, 거시적인 관점에서 바라볼 수 있는 거시적 질문으로는 다음과 같은 것들이 있다.

"꿈(비전, 목표)은 무엇입니까?"

"이 일의 핵심은 무엇입니까?"

"자신이 정말 원하는 것은 무엇입니까?"

"헬리콥터를 타고 높이 올라갔다고 생각해보십시오. 아래 무엇이 보입니까?"

"다른 사람과 어떤 연관성이 있습니까?"

둘째, 상황이나 의미를 구체화할 수 있는 세부적 질문으로는 다음과 같은 것들이 있다.

"조금 더 설명해주실 수 있나요?"

"어떤 경우에 그런 일이 일어날 수 있을까요?"

"그것은 무슨 의미입니까?"

"특별한 사건이나 계기가 무엇인가요?"

"앞뒤 맥락을 이야기해주시겠습니까?"

셋째, 미래의 계획과 결과를 생각할 수 있는 미래 질문으로는 다음과 같은 것들이 있다.

"3년 뒤에는 어떤 모습을 하고 있을까요?"

"예상되는 결과는 무엇입니까?"

"어떤 느낌이 드시나요?"

"앞으로 무엇을 해보고 싶습니까?"

"구체적으로 무엇이 달성되면 성공했다고 할 수 있습니까?"

넷째, 경험이나 자원을 활용할 수 있는 동기를 묻는 과거 질문은 다음과 같은 것들이 있다.

"예전에 그 일과 유사한 점은 무엇입니까?"

"이 일과 유사한 일로 성공한 것이 있다면 무엇입니까?"

"이것을 원하게 된 동기는 무엇입니까?"

"어떤 시도를 하였습니까?"

"놓치고 있었던 것은 무엇입니까?"

"어떤 것을 달리해 보겠습니까?"

삶의 진보를 이루기 위한 질문의 필요성과 효과에 대해 심리학자 앤서니 라빈스(Anthony Robbins)는 『네 안에 잠든 거인을 깨워라』에서 다음과 같이 말했다.

"질문은 우리의 상상을 초월하는 영향력을 발휘한다. 우리의 한계에 대해 의문을 가짐으로써 인생의 벽, 사업의 벽, 부부 관계의 벽, 그리고 국가와 국가 간의 벽을 허물게 되는 것이다. 성공한 사람들은 더 나은 질문을 하고 그 결과로 더 나은 답을 얻는다. 질문은 생각의 초점을 조절하고, 생각하는 방법과 느끼는 감정을 변화시키는 것이다."

세상은 우리에게 변화를 요구하지만 스스로 변화하기는 매우 어렵다. 사람들은 자신이 변하기보다는 다른 사람이 변하기를 바란다. 언어는 습관이기 때문에 말이 달라진다는 것은 변화의 시작이라고 할 수 있다. 삶의 질을 높이려면 먼저 질문형 대화 습관을 길러야 한다.

" 의사소통의 기술 "

언어적 의사소통의 기술

상대에게 자신의 의사를 표현하는 방식으로 '너 전달법(You-message)'과 '나 전달법(I-message)'이 있다. '너 전달법'은 "이 일로 너는 나를 미치게 만들었어"와 같이 상대방을 평가, 비판, 충고하는 공격적인 표현이다. 이것은 감정적인 표현 방식으로 상대방은 일방적 강요나 공격을 당하는 듯한 기분을 느낀다. 상대가 방어적인 태도로 저항과 반감을 가진다면 좋은 인간관계를 맺기 어렵다.

'나 전달법'은 상대에게 분명한 메시지를 보냄으로써 의사소통을 증진할 수 있다. "이 일로 나는 무척 당황했어"와 같이 다른 사람의 행동에 대해 비난하지 않으면서도 상대방의 행동이 자신에게 영향을 미쳤다는 것을 표현한다.

'나 전달법'은 3가지 특징을 가지고 있다. 첫째, 상대방의 특정 행동에 대해 간결하지만 분명하게 묘사한다. 둘째, 특정 행동으로 인해 자신이 어떤 감정을 경험했는지 묘사한다. 셋째, 그 행동이 자신에게 어떤 영향을 미쳤는지 명확하게 묘사한다. 예를 들어 "당신이 시간 약속을 지키지 않아(행동) 나는 무척 당황했어(감정). 결과적으로 다른 스케줄이 어긋났거든(영향)"이라고 하는 것이다.

유의해야 할 점은 말하는 사람의 가치 판단이 개입되지 않아야 한다는 것이다. 그리고 이전의 행동을 끌어들이지 말고, 현재의 사실만을 명확히 전달해야 한다. 이러한 '나 전달법'은 부모와 자녀, 부부, 직장 동료, 일반적 대인관계에서 널리 적용할 수 있는 기본적인 의사소통법이다. 어떤 상황에 대해 상대방을 비난하거나 책임을 묻는 것이 아니라 '당신의 행동이 어떻게 바뀌어야 하는지 스스로 결정하라'는 뜻을 암묵적으로 전달한다.

'나 전달법'은 나를 주어로 해서 상대방을 표현하기 때문에 상대방은 나에 대해 '개방적이고 솔직하다'는 인상을 갖는다. 또한 내 생각과 감정을 전달함으로써 이해를 증진할 수 있다. 상대가 나를 거부감 없이 받아들이고 문제를 스스로 해결하려고 하기 때문에 협력하게 된다.

우리는 상대의 감정을 상하지 않게 하면서 자신이 원하는 메시지를 효과적으로 전달할 수 있는 능력을 갖춰야 한다. '나 전달법'을 생활화한다면 원만한 인간관계가 형성될 수 있다.

비언어적 의사소통의 기술

비언어적 의사소통 방식은 시선 처리, 몸짓, 침묵, 목소리 톤, 외모 등 매우 다양하다. 언어를 사용하지 않고 다른 사람에게 정보를 전달하는 가장 원시적이고 기본적인 방식이다.

시선 처리(eye-contact)는 의사소통의 중요한 수단이다. 눈은 서

| 비언어적 반응 목록 |

구분	바람직한 반응	바람직하지 않은 반응
얼굴 표정	• 직접적 눈 맞춤 • 따뜻하고 관심 어린 표정 • 상대방과 동등한 눈높이 • 상황에 맞는 표정 • 이완된 입 모양 • 적절한 미소	• 눈 맞춤 회피 • 사물이나 사람에 고정된 시선 • 신경질적인 눈썹 치켜뜨기 • 상대보다 높거나 낮은 눈높이 • 지나친 고개 끄덕임 • 하품 • 딱딱하고 굳은 표정 • 부적절한 미소 • 입술 물어뜯기
자세	• 팔과 손이 자연스러운 자세 • 적절한 몸짓 • 약간 앞으로 숙인 자세 : 주의 집중	• 경직된 자세 : 팔짱 끼기 • 상대방에게 등 돌리기 • 손가락 움직임 • 의자 흔들기 • 책상 위에 발 올리기 • 손과 손가락 물기 • 강조하기 위해 손가락질하기
목소리	• 시끄럽지 않으나 잘 들리는 목소리 • 부드러운 목소리 • 상대의 메시지에 대한 적절한 반응 • 적절한 언어 속도	• 듣기 힘든 혼잣말 • 단순한 목소리 톤 • 문법이 틀린 문장 • 너무 긴 침묵 • 신경질적인 웃음 • 큰 소리로 떠들기
물리적 거리	• 상대와의 적절한 간격 • 의자에 마주 앉았을 때 거리	• 지나친 간격이나 밀착 • 책상이나 다른 장애물

로의 감정과 민감한 정도, 상황 이해 등 많은 정보를 알려준다. 악수, 포옹, 머리 숙여 인사하기 등의 몸짓은 관계 형성에 매우 중요한 역할을 한다. 이외에도 목소리 톤, 표정, 자세, 외모 등 다양한 형태의 비언어적 표현이 있다. 그 가운데 침묵은 강력한 의사소통 형태라고 할 수 있다. 대화 중 침묵하면 상대방은 집중하거나 진지하게 생각하는 것이며, 불안감을 느끼는 것일 수도 있다. 사회복지학과 양정남, 최선령 교수는 『사회복지실천론』에서 비언어적 의사소통의 바람직한 반응과 바람직하지 않은 반응을 앞의 표와 같이 정리했다.

효과적인 의사소통의 기술

우리는 흔히 상대의 생각이나 관점을 변화시키려는 의도로 자신의 주장을 펼친다. 때로는 자신에게 유리하거나 필요한 정보를 얻기 위해 질문이나 요청을 하기도 한다. 이러한 자기중심적 대화는 원활한 의사소통의 장애가 될 수 있으므로 다음과 같은 의사소통 기술 6가지를 습득할 필요가 있다.

내용 계획하기

보다 효과적인 의사소통을 위해 어떤 내용을 말할 것인지를 염두에 두어야 한다. 자신이 전달한 내용이나 메시지가 상대에 따라 다르게 해석되거나 왜곡될 가능성이 있다. 따라서 전달하려는 내용의 핵심을 앞부분이나 마지막 부분에 두는 것이 좋다. 효과적으로 말하기 위해서는 다음과 같은 질문과 절차가 필요하다.

- 전달하고자 하는 내용은 무엇인가?
- 사용할 수 있는 시간은 얼마나 되는가?
- 전하고자 하는 메시지에서 오해의 소지는 무엇인가?
- 상대방이 정확하게 이해할 수 있는 방법은 무엇인가?
- 메시지의 어떤 부분에 상대방이 관심을 보일까?
- 내가 전달한 것과 다른 사람이 전달한 것 중 어느 방안이 더 나은가?

자기 소개하기

다른 사람과 대화를 나눌 때 가장 먼저 할 일은 자신을 소개하는 것이다. 상대방이 신뢰할 수 있도록 자신이 누구인지, 소속, 역할, 권한, 책임 등을 간단히 설명할 수 있어야 한다.

목적 설명하기

상대에게 전달하고자 하는 의도, 의미, 목적이 무엇인지 명확하게 설명할 수 있어야 한다. 그렇게 해야 메시지를 전달받는 상대방이 목적을 이해할 수 있다.

메시지 확인하기

전달하고자 하는 메시지를 상대방이 정확하게 이해했는지 확인하는 질문과 탐색을 해야 한다. 또한 상대방에게 전달받은 메시지를 자신이 제대로 이해했는지를 확인하기 위해 질문하거나 명료하게 요약하는 과정이 필요하다.

질문에 응답하기

상대방의 질문을 정확하게 듣고 응답하는 것은 원활한 의사소통을 위해 꼭 필요한 기술이다. 상대방의 말이나 질문을 제대로 듣지 못했거나 이해하지 못하는 경우가 있다. 이때는 망설이거나 그냥 넘어가지 말고 질문을 통해 명확히 이해해야 한다.

맥락 확인하기

사람들은 생각하는 방식이 서로 다르기 때문에 각자 사용하는 어법이나 단어의 의미가 다를 수 있다. 사용하는 단어나 맥락에 대해 어떤 의미가 있는지를 확인하는 과정이 필요하다. 그래야 서로의 오해를 줄이고 명료한 소통이 이루어진다.

인간관계를 이루는 데 있어 말은 매우 중요한 역할을 한다. 좋은 인간관계에 대한 확신과 기대를 가지고 말하는 순간, 말은 생명력을 갖는다. 말은 우리가 상상할 수 없는 큰 힘을 갖고 있다. 따라서 의사소통을 위해서는 어떻게 말하는지가 제일 중요하다.

66

감정 읽기와 침묵 대화

99

공감은 기술이다

의사소통에서 공감 능력이 차지하는 역할은 실로 막중하다. 공감은 자신의 감정을 나눔으로써 상대와 교감하고 소통을 원활하게 하는 기술이다. 다른 사람의 감정을 정확히 읽어내지 못하면 의사소통에서 큰 불편을 겪을 수 있다. 특히 디지털 시대에는 글이나 메시지에 담긴 감정까지 읽어야 한다.

상대방이 느끼는 감정, 관점, 시각을 이해하고 반응하는 것이 바로 공감이다. 따라서 공감의 시작은 서로 다름을 인정하고 수용하는 것이다. 공감 능력이 뛰어난 사람들은 다음의 6가지 특성을 지닌다.

- 자신과 타인을 올바르게 인식한다.
- 사람들의 잠재력에 호기심을 갖는다.
- 타인의 성장을 위해 좋은 질문을 한다.
- 긍정적인 언어를 사용한다.
- 사람들의 말을 경청한다.
- 자신의 약점을 노출하고 개방성을 갖는다.

사람들은 우울과 불안, 질투 등과 같은 감정들을 부정적인 것으로 치부하는 경향이 있다. 하지만 제대로 공감하려면 이런 감정을 있는 그대로 받아들여야 한다. 사회심리학자 칼라 매클래런(Karla McLaren)은 『감정 읽기』에서 이렇게 말한다.

"사람들은 흔히 감정을 긍정적인 것과 부정적인 것으로 구분하는데, 이는 공감 능력에 전혀 도움이 되지 않는 거짓된 판단에 불과하다. 감정을 이런 식으로 구분한 탓에 우리의 일상은 암담한 결과를 감내해야 한다. 사람들은 행복, 기쁨과 같은 긍정적인 감정만 강조하려고 애쓴다. 반면 부정적인 감정은 무시하거나 숨긴다."

우리는 부정적인 감정을 마치 의식을 방해하는 장애물에 지나지 않는 것으로 여긴다. 우울, 불안, 질투 등과 같은 감정을 정신적인 병이나 장애의 신호로 취급한다. 부정적인 감정을 버리고, 긍정적인 감정을 유지하라고 끊임없이 강조한다. 이런 감정이 생겼을 때 혼란스러워하고 주체하지 못하는 근본적인 원인이 바로 이러한 인식 때문이다.

우리가 공감하는 데 사회·환경적으로 방해하는 요인들은 선입견, 편견, 권위, 낙인 등이다. 전형적인 사고의 틀에서 미리 예단하거나 평가하기 때문에 공감 능력이 떨어진다.

복합적인 감정이 한꺼번에 몰려드는 것은 지극히 당연한 일이다. 누구나 감정에서 자유로울 수는 없지만 다행히 극복할 수는 있다. 그러므로 우리는 상대에게 상처받는 것을 두려워하지 않아야 하며, 자신의 공감 능력을 계발하는 데 힘써야 한다.

공감 능력은 키울 수 있다

우리는 언어가 아닌 감정을 통해 의사소통을 하기도 한다. 어떤 현상이나 사건을 접했을 때 마음에서 일어나는 주관적인 느낌이나 기분을 감정이라고 한다. 긍정적 감정이나 부정적 감정은 동시에 존재하기 때문에 2가지 감정을 모두 공감할 수 있어야 한다.

제4차 산업혁명 시대에 감정을 다루는 일은 매우 중요하다. 공감 능력이 건강한 인간관계를 형성하기 때문이다. 따라서 자신과 타인의 감정을 제대로 알아야 관계를 바꿀 수 있다.

감성지능(EQ, Emotional Intelligence)의 창시자 다니엘 골먼(Daniel Goleman)은 『감성의 리더십』에서 공감 능력을 자기 인식, 자기 관리, 사회적 인식, 관계 관리, 4가지 영역으로 분류했다.

'자기 인식'이란 감성지능의 모든 영역에서 바탕이 된다. 자신의 감정을 제대로 파악하지 못하면 그것을 다스릴 수 없으며, 다른 사람의 감정을 헤아리기도 어렵다. 자신의 감정을 바탕으로 의사 결정을 하고, 정확한 자기 평가를 통해 자신에 대해 긍정적인 확신을 가지는 것이 자기 인식이다.

그에 비해 '자기 관리'는 파괴적 감정과 충동을 통제하는 감성적 자기 제어 능력이다. 자신의 모습을 있는 그대로 보여주는 솔직함과 상황의 변화에 적응하고 장애를 극복하기 위해 유연하게 대처하는 능력이다. 이외에도 성취력, 진취성, 낙천성 등이 자기 관리 능력에 포함된다.

'사회적 인식'은 다른 사람의 감정을 헤아려 그들의 시각을 이해하고 그들의 생각에 적극적인 관심을 표명할 수 있는 능력이다. 공감을 잘하는 사람은 상황에 걸맞은 말과 행동을 할 수 있다. 이러한 사람은 조직의 가치관과 최우선 과제가 무엇인지를 안다.

마지막으로 '관계 관리'란 영감을 불러일으키는 능력으로 사람들에게 동기부여를 한다. 다양한 대화 기술을 사용함으로써 영향력을 발휘하는 능력이다. 다른 사람을 이끄는 능력과 변화를 촉진하는 능력, 관계망을 만들고 유지하는 능력, 즉 팀워크와 협력을 이끌어내는 능력이 포함된다.

우리의 내면에서 일어난 감정은 상대에게 전달된다. 공감은 다른 사람의 감정, 의견, 주장에 대해 자기도 그렇다고 느끼는 것이다. 사람들의 마음을 움직이는 공감 능력은 의사소통과 대인관계를 크게 발전시킨다. 자신의 감정을 조절하고 타인의 감정을 공감하는 능력을 갖춰야 하는 이유이다.

침묵도 기술이다

사람이 태어나 말을 배우는 데는 약 2년이 걸리지만, 침묵을 배우는 데는 60년이 걸린다는 말이 있다. 말하는 것보다 침묵하기가 더 어렵다는 뜻이다. 말을 잘하는 것은 분명 유리한 경쟁력이다. 뛰어난 언변을 가진 사람이 대화를 주도하거나 협상을 유리하게 이끌어가는 것처럼 보이지만 실제로는 실망스러운 결과를 얻을 때도 있다.

의사 결정이나 협상에서 적절한 침묵이 오히려 뛰어난 언변을 이기기도 한다. 우리는 대화에서 상대의 반응을 살피며, 자신의 주장을 관철하거나 기존 의견을 조정하려고 한다. 이때 침묵한다면 상대방은 나의 속마음을 짐작할 수 없다.

상대방의 언어적, 비언어적 대화를 이해하는 능력을 갖추면 유리한 승낙이나 조건을 얻어낼 수 있다. 상대방의 속마음을 알 수 없을 때 침묵을 적절히 사용하면 상대방은 심리적 부담감을 느낀다. 또한 침묵하는 동안 자신도 상황 변화의 가능성과 여건을 살펴볼 수 있기 때문에 적절한 침묵은 협상을 전략적으로 이끄는 효과적인 방법이다.

하지만 대화 중 갑자기 아무 말도 하지 않고 침묵하면 자칫 상대가 거부감을 느낄 수 있다. 침묵의 효과를 위해서는 다음과 같은 기술이 필요하다.

- 상대방의 말과 행동에 집중하고 경청한다.
- 상대를 존중하는 부드러운 표정과 태도를 취한다.
- 침묵하는 동안에도 자신의 메시지를 분명하게 전한다.
- 침묵하는 시간이 너무 길지 않도록 적절하게 활용한다.
- 침묵하는 동안에도 적절한 반응으로 상대와 교감한다.

대화 중에 말이 통하지 않는다는 이유로 입을 닫아버리는 것은 상대방을 밀어내는 행위다. 침묵은 원만한 결과를 도출하기 위한 대화 기술이므로 적절하게 활용하는 것이 중요하다. 침묵하는 시간이 너무 길어지면 대화가 단절될 수 있으므로 유의해야 한다. 더욱이 자신의 침묵이 상대방을 무시하거나 무조건 이기려는 태도로 보이는 것은 적절하지 않다.

66
긍정으로 춤추기
99

긍정은 사람을 춤추게 한다

긍정적인 말을 들으면 누구나 기분이 좋아진다. 입가에 미소가 떠오르고 무슨 일이든 잘될 것만 같은 기대감이 생긴다. 이렇듯 긍정성은 우리 속에 뭔가 살아 움직이는 듯한 힘을 느끼게 한다. 그러나 애석하게도 우리는 부정성에 더 익숙하다.

프랑스 소설가 앙드레 지드는, "기쁨이 슬픔보다 더 귀하고, 더 어렵고, 더 아름답다는 것을 알라. 무엇보다 중요한 이 진리를 깨닫고 나면 기쁨을 도덕적 책무로 받아들이게 되리라"고 말했다. 긍정성과 부정성도 기쁨과 슬픔에 비유할 수 있다.

만나면 힘이 나는 사람이 있는가 하면 힘이 소진되는 듯한 사람이 있다. 힘을 주는 사람과 힘을 소진하는 사람의 차이는 긍정성과 부정성에서 비롯된다. 말과 판단에 배어 있는 부정성은 나도 모르는 사이 다른 사람들에게 전파되어 관계를 해친다. 또한 부정성은 분노, 우울, 모멸감과 같은 해로운 정서를 낳아 자신의 건강에도 악영향을 미친다.

긍정성은 긍정적 의미와 낙관적 태도, 열린 생각, 따뜻한 마음, 편안한 상태, 부드러운 표정, 기쁨, 흥미, 재미, 희망, 감사, 자부심, 평온, 영감, 경이, 사랑과 같은 모든 긍정적인 감정을 포괄하는 개념이다. 이러한 긍정성은 우리의 성격, 대인관계, 의사소통, 주변의 환경에 좋은 영향을 미친다. 그리고 우리가 최상의 삶을 도모하는 데 유리한 방향으로 몸과 마음을 변화시킨다.

긍정심리학자 바버라 프레드릭슨(Barbara Fredrickson)은 『긍정의 발견』에서 긍정성의 특징을 다음과 같이 말했다.

- 긍정성은 기분을 좋게 한다.
- 긍정성은 사고방식을 바꾼다.
- 긍정성은 미래를 변화시킨다.
- 긍정성은 부정성에 제동을 건다.
- 긍정성은 순간적인 폭발성을 의미하는 티핑 포인트(tipping point)의 지배를 받는다.
- 긍정성은 키울 수 있다.

긍정성을 선택하고 행동하는 순간 자신의 삶에 엄청난 변화를 일으킬 수 있다. 긍정성으로 우리는 얼마든지 새로운 가능성을 발견하고, 실패를 딛고 다시 일어설 수 있다. 긍정성을 통해 다른 사람과의 유대가 강화되고, 자신의 역량을 최대한 끌어낼 수 있다.

긍정과 부정은 선택의 문제다

10여 년 전 내 마음은 온통 실패감으로 가득 차 있었다. 그러나 '반드시 살아야겠다'는 일념으로 실패의 고통에서 벗어나겠다는 굳은 결심을 했다. 이후에도 밀려드는 온갖 역경을 몸으로 부딪히며 견뎠다. 어느새 나는 주변 사람들에게 힘을 주는 사람이 되었다. 요즘 어떤 사람들은 내게 이렇게 말한다.

"참 열정이 대단하세요. 함께 있으면 힘이 나요."

"본받고 싶네요. 어디서 그런 힘이 나오죠?"

"어떻게 그렇게 달라질 수 있어요?"

이런 말을 들으면 나도 모르게 기분이 좋아진다. 특히 마음에 드는 말은 "어떻게 그렇게 달라질 수 있느냐?"는 것이다. 그동안의 노력을 인정받는 것 같아 감사한 마음이 든다.

결심을 한다고 해서 바뀔 수 있는 것이 아니다. 하루에도 수없이 떠오르는 긍정성과 부정성의 갈등 속에서 선택해야 했다.

"더 가봐야 길이 보이지 않는데, 이쯤에서 그만두자."

"그런다고 내 인생이 뭐가 달라지겠어?"

"도대체 내가 왜 이렇게 됐지?"

"이 순간만 견디자. 그러면 웃을 수 있어!"

사람들은 긍정과 부정의 마음을 모두 지니고 있다. 내면에 생명력을 부여하는 긍정성의 잠재력만큼이나 생명력을 떨어뜨리는 부정성도 존재한다. 2가지 중 무엇을 선택할지는 자신의 몫이다.

부정성이 작아진다고 해서 긍정성이 커지는 것이 아니라, 부정성이 있는 상황에서도 긍정성을 선택하면 더 크게 확장된다. 긍정성을 선택함으로써 자신의 꿈을 이루는 것이다. 삶이 변화되기를 바란다면 생각을 바꿔야 한다. 무엇이든 저절로 이루어지는 것은 없다. 자신의 선택과 노력에 따라 삶이 달라진다. '순간의 선택이 평생을 좌우한다'는 말이 있다. 긍정과 부정은 선택의 문제다.

희망이 인생의 나침반이다

앞으로 좋은 일이 많이 생기고, 나쁜 일은 일어나지 않을 것이라는 기대감을 낙관성이라고 한다. 미래를 낙관적으로 바라보는 사람은 적극적 사고와 행동을 하고, 결과적으로 성공을 거둔다.

서울대학교 심리학과 권석만 교수는 『긍정심리학』에서 낙관성에 대해 이렇게 말한다.

"낙관성은 주관적 안녕을 예측하는 강력한 성격 요인이다. 낙관성은 미래에 대해 긍정적인 기대와 전망을 하는 인지적 경향을 의미한다. 즉, 미래의 일들이 긍정적인 방향으로 잘 펼쳐질 것이라는 전반적인 기대를 의미하는 기질적 낙관성, 자신의 행동과 노력으로 추구하는 목표를 성취할 수 있을 것이라는 믿음을 의미하는 희망, 사건의 원인을 자신에게 유리한 방향으로 돌리는 설명양식이 낙관성에 포함된다."

낙관성의 주요 요소로 기대와 확신이 있다. 기대는 개인의 가치나 목표를 이루기 위한 열망을 불러일으키는 동기와 연관되는 요소이다. 지속적인 가치를 가지고 동기를 유발해야 목표를 이룰 수 있다. 확신은 낙관성에 아주 큰 영향을 미치며, 목표가 이루어질 수 있다는 확신이 크면 행동할 가능성도 매우 높다.

낙관성은 다양한 영역에서의 성취, 낮은 수준의 불안과 우울, 긍정적 인간관계, 신체적 건강 등에 긍정적인 영향을 미친다. 낙관성은 미래 지향적이며 행복, 건강, 성취 등의 긍정적인 효과를 불러일으킨다.

여러 가지 낙관성의 효과에도 불구하고 한계는 있다. 낙관성이 지나치면 현실을 직시하지 못하고, 때로는 실패에 대한 책임을 회피하기도 한다. 이와 같은 비현실적인 낙관성은 장기적으로 신체와 심리적 건강에 도움이 되지 않는다. 따라서 현실적이며 유연한 낙관적 사고가 필요하다.

❝
경청, 요약, 반문하기
❞

경청의 단계

인간의 언어 능력은 말하기, 듣기, 쓰기, 읽기 4가지로 구분된다. 그중 가장 중요한 것이 듣기다. 모든 대화는 듣기에서 시작되며, 무엇을 어떻게 듣느냐에 따라 의사소통의 질이 달라진다. 자신의 말에 귀를 기울인다는 것은 상대가 자신의 말을 중요하게 여긴다는 뜻이다.

스티븐 코비는 『성공하는 사람들의 7가지 습관』에서 듣기에 대해 무시하기, 듣는 척하기, 선택적으로 듣기, 귀 기울여 듣기, 공감적 경청, 5가지로 나누었다.

1단계 : 무시하기

상대가 하는 이야기를 실제로 듣는 것이 아니다. 전달자는 이야기를 하지만 수신자에게 전달되는 내용은 전혀 없으니 의사소통이 이루어질 수 없다.

2단계 : 듣는 척하기

수신자는 전달자의 이야기를 듣는 태도를 취하고 있지만 자신의 생각에 빠져 있기 때문에 내용이 전달되지 않는다. 수신자가 실제로는 듣지 않고 듣는 척만 함으로써 전달자는 불편함을 느낀다.

3단계 : 선택적 듣기

수신자가 자신이 듣고 싶은 내용만 선택적으로 받아들이기 때문에 전달자가 이야기하는 내용과 수신자가 들은 내용에 차이가 생긴다.

4단계 : 귀 기울여 듣기

전달자는 수신자가 자신의 이야기를 잘 듣고 있다는 것을 느낄 수 있으며, 수신자 또한 전달자가 이야기하는 내용을 정확하게 이해한다. 비교적 바람직한 듣기이지만 실천하기 어렵다.

5단계 : 공감적 경청

수신자는 전달자가 말하는 내용에 집중하면서 어떤 감정인지,

왜 그런 말을 하는지 등을 추측하고, 자신이 이해한 내용을 확인하면서 듣는다. 수신자가 공감적 경청을 할 때 전달자가 마음을 연다.

경청은 상대의 말을 단순히 듣기만 하는 것이 아니라 상대가 전하고자 하는 것을 명확하게 이해하는 것이다. 또한 내면의 동기, 욕구, 의미, 감정까지 살피는 것이 경청이다. 상대방을 이해하기, 지원하기, 위로하기, 대화하기, 습득하기 등이 이루어져야 진정한 경청이라고 할 수 있다.

경청의 기술

상대가 하는 말, 행동, 표현 속에 숨겨진 감정이나 사고까지 이해하는 기술이 '맥락적 경청'이다. 상대의 이야기를 비판하거나 평가하기보다 상대의 감정을 진심으로 수용하는 것이다. 그러기 위해서는 상대의 언어적, 비언어적 표현까지 이해해야 한다. 맥락적 경청의 기술로는 명료화하기, 바꿔 말하기, 반영하기, 요약하기, 반문하기 등이 있다.

명료화하기

상대방이 말한 내용을 잘 듣고 "~라는 뜻인가요?"라고 질문하는 것이다. 자신이 상대의 말을 정확하게 이해했는지 확인하고, 모호하거나 혼돈스러운 내용을 명료하게 정리한다.

바꿔 말하기

상대가 말한 내용을 자신의 언어로 바꾸어 표현하는 것으로, 객관적인 내용을 확인하거나 강조하는 것이다.

반영하기

상대가 하는 말 중에서 감정과 관련된 부분을 바꿔 말하는 것이다. 상대의 내재된 감정이나 겉으로 드러난 감정을 명확하게 느낄 수 있다.

요약하기

상대의 말을 압축하여 핵심이나 주제를 간략한 문장으로 말하는 것이다. 상대가 지나치게 반복하는 말을 멈추게 하고 대화 내용을 점검할 수 있다.

반문하기

상대방이 하는 말의 의미나 맥락이 분명하지 않을 때 되물어봄으로써 보다 명확하게 의사소통을 할 수 있다.

상대의 이야기를 진심으로 경청하고 있다면 적절한 반응을 해야 한다. 수신자가 아무리 경청하고 있다 하더라도 아무런 반응이 없다면 전달자는 충분한 교감을 느끼지 못한다. 특히 상대의 말을 가로채지 않고, 적절하게 눈을 맞추는 것이 필요하다.

경청의 단계를 발전시켜라

경청의 중요성을 인식하면서도 실천하기는 쉽지 않다. 말을 잘 하는 사람과 잘 들어주는 사람 중 어떤 사람과 대화하고 싶을까? 사람들은 당연히 자신의 말을 잘 들어주는 사람과 대화하고 싶어 한다.

코칭 전문가 에노모토 히데타케는 『부하의 능력을 열두 배 키 워주는 마법의 코칭』에서 경청을 귀로 듣는 단계, 입으로 듣는 단계, 마음으로 듣는 단계로 나눠 설명한다.

1단계 : 귀로 듣기

상대의 이야기를 듣기 위해서는 먼저 귀를 열어야 한다. 귀를 닫고 상대의 이야기를 들을 수는 없다. 일단 상대가 말하는 소리가 귀로 전달되어야 한다.

2단계 : 입으로 듣기

상대방의 이야기를 가만히 듣고 있는 것이 아니라 적절한 질문 을 하는 것이다. 그러면 상대는 자신의 이야기를 경청하고 있다는 것을 느끼고 편한 마음으로 대화한다.

3단계 : 마음으로 듣기

'어떻게 하면 상대가 자신이 지닌 능력이나 가능성을 최대한 발 휘해서 자아실현을 할 수 있을까?'라는 점을 염두에 두면서 이야기를 듣는 것이다. 상대의 이야기를 마음을 열고 진심으로 들어주는 것이다.

　말을 잘하는 사람보다 말을 잘 들어주는 사람이 필요하다. 다른 사람이 하는 이야기를 무조건 듣는 것만이 경청이 아니다. 자신의 경청 단계를 점검해보고, 경청의 기술을 통해 소통력을 높여야 한다.

“ 칭찬과 인정 ”

칭찬도 기술이 필요하다

칭찬받는 것을 싫어하는 사람은 없을 것이다. 사람들은 잘한 행동이나 바른 선택, 좋은 결과를 냈을 때 높이 평가하고 찬사를 보낸다. 긍정적인 마음을 심어주어 자존감을 높이는 효과적인 칭찬 요령 6가지는 다음과 같다.

구체적으로 칭찬한다

어떤 상황보다는 구체적인 행동이나 과정에 대해 칭찬한다. 상대는 '어떤 점에 대해 칭찬을 받는지, 칭찬받는 이유가 무엇인지'를 알 수 있다. 예를 들어 "혼자 쓰기도 부족한데 다른 사람과 나누다니 정말 멋지다", "누구도 생각하지 못한 일을 혼자 해내다니 대단하다"와 같이 구체적인 행동을 언급한다. "멋지다", "최고다"와 같은 막연한 칭찬은 효과적이지 못하다.

사소한 일도 칭찬한다

거창한 성과에 대해서만 칭찬해야 하는 것이 아니다. "규칙적인 생활 습관이 아주 좋아요", "이렇게 도와주니 정말 고마워요" 등과 같이 사소한 것에서도 칭찬거리를 얼마든지 찾을 수 있다.

칭찬을 미루지 않는다

사람들은 지난 일을 쉽게 잊어버린다. 칭찬도 타이밍을 잘 맞춰야 한다. 칭찬할 일이 생겼을 때 바로 해야 상대가 크게 느낄 수 있다.

칭찬할 때 표정과 어감을 적극적으로 활용한다

말로는 칭찬을 하는데 표정이나 말투가 부드럽지 않으면 상대는 칭찬하는 것으로 받아들이지 않을 수 있다. 칭찬할 때는 온몸으로 표현한다.

결과보다 과정을 칭찬한다

결과가 기대에 미치지 못했다 하더라도 열심히 노력한 과정을 칭찬하면 좌절하지 않고 다시 도전할 용기를 갖게 된다. "이 일을 해결하기 위해 얼마나 노력했는지 잘 알아요", "정말 잘 만들었네요. 당신은 못하는 게 없어요"라는 한마디가 큰 힘이 된다.

당연한 것은 칭찬하지 않는다

지나친 칭찬은 안 하느니만 못하다. 당연히 할 수 있는 것을 칭찬하면 진심으로 받아들이지 않는다. 통상적이거나 무분별한 칭찬보다 핵심적인 포인트를 짚는 것이 필요하다.

칭찬은 자신의 감정을 전달하는 '나 전달법'으로 하는 것이 좋다. 칭찬은 다른 사람에 대한 아첨이나 빈정거림이 아니라 자신의 감정을 솔직하게 표현하는 것이다.

무의미한 칭찬은 역효과를 가져올 수 있다

무조건 칭찬을 자주 한다고 해서 좋은 것이 아니다. 칭찬이 지나치면 '누구에게나 하는 형식적인 말'로 받아들여 내적 동기가 생기지 않는다. 지나친 칭찬은 듣는 사람에게 오히려 불안감을 주거나, 반대로 자만심을 갖게 되어 노력하기보다 남의 시선과 평가를 의식하기 쉽다.

인사치레로 칭찬하는 경우도 많다. "대단하십니다", "아름다우시네요", "멋지십니다", "훌륭하십니다" 등은 상투적인 인사 정도로 받아들인다. 그보다는 "오늘 입은 옷이 참 잘 어울리네요", "얼굴에서 빛이 나네요"라고 구체적으로 이야기하는 것이 좋다. 상대가 들어서 기분 좋은 칭찬이어야 긍정적인 효과를 가져온다.

고대 로마의 정치가 키케로는 "사람들은 칭찬을 들음으로써 무언가를 할 마음이 우러난다"고 했다. 그러나 칭찬받을 상황이 아닌데도 칭찬을 듣는다면, "이 사람이 나한테 왜 친절하게 굴지?"라고 생각한다. 더 나아가 "분명히 무슨 꿍꿍이가 있을 거야"라는 의구심을 가진다. 이런 경우 칭찬은 오히려 역효과를 가져올 수 있다.

칭찬과 인정은 바라보는 관점이 다르다. 칭찬이 표면적인 행동이나 결과에 대한 것이라면, 인정은 그러한 행동을 하게 된 내면을 이해하는 것이다. 칭찬은 상대가 칭찬받는 이유를 알게 하는 것이고, 인정은 상대방의 행동에 담긴 가치를 일깨워주는 것이다. 칭찬이 겉으로 나타난 좋은 결과에 대한 것이라면, 인정은 기대에 못 미치는 경우에도 내면의 가치를 찾아주는 것이다.

가장 강렬한 동기부여는 존재를 인정하는 것이다

좋은 성과를 낼 때와 기대에 미치지 못할 때 칭찬과 인정의 표현 방식이 달라야 한다. 예를 들어 결과가 좋을 때는 "참 잘했네요"라는 단순한 칭찬보다 "요즘 열정적으로 일에 몰입하더니 결국 좋은 결과를 만들었네요", "~~을 하더니 ~~한 좋은 성과를 냈군요", "~~ 하는 것을 보니 ~~을 참 잘하네요"라고 말한다. 노력의 가치를 인정받은 사람은 강한 동기부여를 얻게 된다.

결과가 좋지 않을 때는 "참 아쉽네요"라는 간단한 말보다 "그동안 열정적으로 일에 매진했는데 결과가 조금은 아쉽지만 더 좋은 방법이 있을 거예요"라고 말한다면, 상대방은 다시 도전할 용기를 얻을 수 있다. 누군가로부터 인정받으면 기분이 좋아질 뿐만 아니라 자신의 가치를 느끼게 된다.

상대방을 인정해주려면 상대의 언어, 태도, 행동을 유심히 관찰해야 한다. 그것을 자신의 언어와 표현으로 상대에게 돌려주면 된다. 인정은 상대가 자신의 가치를 인식하게 함으로써 내적 동기를 강화한다. 인정의 효과를 보여주는 대표적인 사례가 있다.

토머스 에디슨이 수많은 실패에도 불구하고 위대한 발명을 할 수 있었던 것은 어머니가 인정해준 덕분이었다. 초등학교에 입학한 에디슨이 어느 날 학교에서 돌아와 엄마가 꼭 읽어야 한다며 선생님이 전해준 편지 한 통을 건네주었다. 어머니는 눈물을 흘리며 큰 소리로 에디슨에게 편지를 읽어주었다.

"당신의 아이는 천재입니다. 하지만 아쉽게도 우리 학교에는 당신의 아이를 가르칠 만한 선생님이 없습니다. 그러니 어머니가 직접 아이를 가르쳐주십시오."

몇십 년이 흐른 뒤 세기의 발명왕이 된 에디슨은 어머니의 유품을 정리하다 우연히 한 통의 편지를 발견했다. 편지에는 이렇게 적혀 있었다.

"당신의 아이는 지적장애가 있습니다. 그렇기 때문에 일반 아이들과 함께 가르칠 수 없습니다. 더 이상 아이를 학교에 보내지 않으셨으면 합니다."

에디슨은 자신의 일기장에 이렇게 기록했다.

"토머스 에디슨은 지적장애가 있었지만, 어머니는 나를 천재로 만드셨다."

모든 사람들은 나름의 잠재력과 강점을 지니고 있다. 그것이 조금 일찍 계발되는 사람도 있고, 뒤늦게 발휘되는 사람도 있다. "칭찬은 고래도 춤추게 한다"는 말이 있다. 칭찬받은 고래는 춤을 추지만, 인정받은 고래는 더 넓은 바다를 향해 헤엄쳐 나아간다. 우리가 다른 사람에게 할 수 있는 가장 강렬한 동기부여는 존재를 인정하는 것이다.

" 수용과 거절 "

수용에도 한계가 있다

대화를 할 때는 상대의 말을 경청할 뿐만 아니라 적절한 반응을 보이는 것이 중요하다. 상대의 견해를 수용하고 지지한다는 표현을 하는 것이다. 다른 사람의 의견을 수용하는 것을 전적으로 동의하는 것으로 해석하는데, 자칫 의사소통에서 큰 오류를 범할 수도 있다.

'수용'의 사전적 의미를 보면 '어떠한 것을 감성적으로 받아들인다'는 뜻이다. 다른 사람으로부터 무언가를 받아들일 때 감성이 작용한다는 사실을 알아야 한다. 자신의 의견을 상대가 얼마나 수용하는지를 알려면 다음과 같은 감성적 의미를 잘 살펴야 한다.

소극적 단계

'I know it'의 수동적 반응을 의미한다. 자신이 제시한 의견에 대해 상대방이 '알아들었다'는 소극적 의미다. 자신이 말하고자 하는 내용과 사실을 상대가 알아들었다는 것을 단순하게 표명하는 것이다. 상대의 말을 받아들이는 것이 아니라 상대방이 말한 사실을 인식하는 단계이다.

동조적 단계

'I accept it'의 수용적 의미를 말한다. 자신이 말한 내용을 상대가 알아들었을 뿐만 아니라 그 내용을 '받아들일 수 있다'는 동의의 의미를 내포한다. 상대가 무엇을 말하고자 하는지 수용하는 것뿐 아니라 동조하는 상태이며, 감성적으로 반응하기 시작하는 단계이다.

적극적 단계

'I agreement it'의 협정적 의미를 말한다. 가장 적극적인 감성적 수용 단계이다. 자신의 의견이나 주장에 대해 상대방이 '수용은 물론 적극 지지할 의사가 있다'는 뜻이다. 의사소통을 통해 상호 지지하는 인간관계를 맺을 수 있는 공감의 단계라고 할 수 있다.

수용은 상대방의 의견에 감성적으로 반응하는 과정이다. 자발적인 공감과 지지를 얻기 위해서는 먼저 상대방의 마음을 깊이 이해하는 것이 중요하다. 서로 다른 생각과 관점을 지닌 사람들이 의사소통을 함으로써 인간관계가 이루어진다. 따라서 상대의 말을 자신이 아닌 상대방의 관점에서 받아들이려는 노력을 기울여야 한다. 그러나 일방적인 수용은 오히려 인간관계를 해칠 수 있으니 때로는 적절한 거절도 필요하다. 수용에도 분명 한계가 있다.

거절은 상황을 선택하는 것이다

과거에 나는 사람들이 무언가를 부탁하면 "한번 생각해볼게요", "알았어요", "나중에 연락할게요"라고 말했다. 이런 태도를 보이면 상대는 자기의 부탁을 들어줄 것이라고 기대한다. 내가 부탁을 쉽게 거절하지 못할 것이라고 생각했고, 가까운 관계일수록 더했다. 상대의 호감을 사려고 무조건 수용하는 태도는 결코 바람직하지 않다. 하기 싫은 것은 물론 할 수 없는 일까지 부탁받을 수 있기 때문이다.

다른 사람이 무언가를 부탁하면 나는 마음속으로는 불편하면서도 겉으로는 두루뭉수리하게 대답했다. 명확하게 거절하지 못하고 속으로 늘 불안하고 답답했다. 이와 같은 불분명한 의사소통 방식으로 인해 나는 실패를 맛보았다.

지금 나는 거절을 곧잘 한다. 내가 들어줄 수 있는 것과 들어줄 수 없는 것, 그리고 들어주기 싫은 것을 구분한다. 부탁받은 일을 거절할 때도 소극적 수용 반응(I know it)을 보인다.

우리는 거절하는 법을 배워야 한다. 제대로 거절하지 못하거나 적절하지 않은 거절이 오히려 관계를 손상할 수 있다. 원치 않은 부탁을 받았을 때 '안 돼요', '싫어요'라고 단호하게 말하는 것은 좋지 않다. 거절하더라도 예의를 잃지 않아야 한다. 명확한 의사를 전달하면서 다른 대안을 제시하는 것도 좋은 방법이다.

거절은 자기를 위한 거절, 상대를 위한 거절로 구분할 수 있다. 자기를 위한 거절은 자신의 상황, 여건, 마음 등을 고려했을 때 합당하지 않은 부탁을 거부하는 것이다. 가까운 사람이나 이해관계가 있는 사람에게 부탁을 받을 때는 '나 전달법'이 효과적이다. '나 전달법'에 의한 거절은 상대를 거부하는 것이 아니라 자신의 감정을 표현하는 것이다.

상대를 위한 거절은 상대방이 잘못 판단하거나 무리하게 진행하는 경우에 거부하는 것이다. 자칫 핑계나 회피로 비쳐질 수 있지만 진정한 마음으로 완곡하게 거절하면 상대도 자신을 위한 것임을 알게 된다.

나는 사람들의 부탁을 거절하지 못해서 힘겨워하는 사람들에게 가이드 코칭을 하고 있다. 자신의 삶을 주도적으로 살기 위해서는 거절하는 능력을 키워야 한다. 거절은 자신을 지키며, 다른 사람과의 관계를 발전시키는 역할을 한다. 그리고 거절은 부탁에 대한 자신의 선택이지 사람을 멀리하는 것이 아니다. 거절은 상대를 부정하는 것이 아니라 상황을 선택하는 것이다.

거절도 원칙과 요령이 중요하다

체면이나 관계 때문에 마음이 불편하다면 거절하는 것이 좋다. 거절할 때도 자신만의 수칙에 따라 일관성 있게 행동해야 한다. 일관성이 없는 거절은 신뢰할 수 없는 사람이라는 평가를 받을 수 있다.

자신만의 거절 수칙을 정하면 거절했을 때의 불편한 마음과 인간관계를 해칠 수 있다는 우려에서 훨씬 자유로울 수 있다. 예를 들어 돈을 빌려달라는 부탁은 무조건 거절한다는 수칙을 세우면 다른 핑계를 대지 않아도 된다. "나는 가까운 사람들과는 돈 거래를 하지 않는 원칙을 가지고 있다"고 말하면 상대가 납득하기 쉽다. 자신만의 거절 원칙을 세우고 다음의 요령도 숙지하는 것이 좋다.

첫째, 결정할 때 최우선으로 고려해야 할 것은 자신이다. 상대도 자신을 위해 부탁한 것이다. 부탁받은 사람도 자신을 위해 거절할 권리가 있다. 거절이 상대를 부정하는 것이 아니라 자신의 솔직한 감정을 선택하는 것이라고 생각한다면 조금 더 편할 것이다.

둘째, 충분히 숙고하고 판단한다. 자신이 들어줄 수 있는 부탁이 있는가 하면 도저히 들어줄 수 없는 부탁이 있다. 자신이 들어줄 수 있는 부탁인지를 충분히 생각하고 결정하면, 상대방도 자신을 진지하게 생각하는 것으로 받아들일 수 있다.

셋째, 분명한 언어로 확실하게 거절한다. 거절 의사를 밝힌 후에 부탁을 들어줄 수 없는 이유를 설명하고, 미안한 마음을 전한다.

분명한 어조로 거절하더라도 부드럽고 공손한 태도를 보이는 것이 중요하다. 그러면 상대가 불필요한 오해나 기대를 하지 않는다.

넷째, 거짓말이나 핑계를 대지 않는다. 순간을 모면하기 위해 선의로 거짓말을 하거나 핑계를 댄다면 죄책감 등 부정적인 감정에 빠질 수 있다. 상대방이 그것을 알아차린다면 거절보다는 거짓말 때문에 관계가 소원해지거나 단절될 수 있다.

다섯째, 합당한 이유를 설명하고 대안을 제시한다. 부탁을 받았을 때 단도직입적으로 거절하기보다는 적절한 대안이나 절충안을 제안한다면 상대가 감사한 마음을 가질 것이다. 또 부탁받은 일이 자신의 능력이나 권한 밖의 일이라면 합당한 이유를 설명하는 것이 좋다.

무언가를 부탁한 상대를 실망시키고 싶지 않은 것이 보편적인 마음이다. 그래서 무리한 부탁도 거절하기가 쉽지 않다. 거절당한 경험이 있는 사람은 거절을 하기가 더욱 어렵다. 그러나 자신의 거절 수칙을 정하고 거절의 요령을 숙지한다면 거절을 하더라도 인간관계를 해치지 않을 수 있다.

" 좋은 관계를 유지하는 피드백 "

효과적인 피드백

우리는 일상에서 의식적이든 무의식적이든 상대에게 피드백(feedback)을 한다. 하지만 깊이 생각하지 않고 가볍게 던지는 피드백은 아무런 도움이 되지 않을뿐더러 인간관계를 해칠 수 있다. 진심이 담긴 긍정적인 피드백은 상대의 마음을 움직이고, 조화롭고 행복한 인간관계를 만들어준다.

효과적인 피드백을 하기 위해서는 미리 생각하고 준비해야 한다. 무엇을 말하고 싶은지, 어떻게 말할 것인지, 피드백을 하는 이유가 무엇인지를 알기 위해서는 관찰과 기록이 필요하다.

어떤 상황에 대한 결과뿐만 아니라 동기와 과정까지 관찰한다.

또한 객관적인 행동이나 사실만을 관찰하고, 구체적인 결과와 파급 효과를 분석하며, 발생 빈도를 주기적으로 확인해야 한다. 기록은 기억의 한계를 보완하고, 사실에 근거한 피드백을 하기 위해 필요하다. 그리고 기록한 사람의 의견이 아닌 상황과 행위 사실 자체를 객관적으로 기록하는 태도를 가져야 한다.

지지와 칭찬은 상대의 에너지를 높여주기 때문에 더욱 효과적이다. 부정적인 피드백을 한 뒤에도 지지와 격려를 하는 것이 좋다. 효과적인 피드백을 위해 다음과 같은 요령이 필요하다.

- 거짓 없는 진실한 마음으로 한다.
- 칭찬할 일을 발견한 즉시 한다.
- 잘한 점을 구체적으로 칭찬한다.
- 결과보다는 과정에 초점을 둔다.
- 상대방의 선한 의도를 격려한다.
- 상황이 여의치 않을 때 더욱 격려한다.
- 공개적인 칭찬과 개인적인 칭찬을 구분한다.

피드백은 문서나 전화, 이메일 등으로 전하기보다는 직접 만나서 서로 얼굴을 맞대고 하는 것이 효과적이다. 그리고 피드백은 일대일로 해야 한다. 다른 사람들 앞에서 부정적인 피드백을 하면 자칫 징벌이 될 수 있다. 또한 다른 사람들 앞에서 하는 칭찬은 자존심을 높여줄 수 있지만 때로는 당사자를 부끄럽게 할 수 있다.

'Yes, And' 와 'Yes, But'

박창규 마스터 코치는 『임파워링하라』에서 기초적인 피드백 기술을 다음과 같이 소개하고 있다.

첫째는 'Yes, And'다. 피드백을 할 때는 상대방을 존중하고 배려하는 마음이 있어야 긍정적인 효과를 얻을 수 있다. 그렇기 때문에 상대에게 일단 'Yes'라고 대답하는 자세가 필요하다.

'Yes'는 다른 사람의 의견에 다음과 같은 자세를 갖는 것이다.
- 상대를 존중하고 의견을 긍정적으로 수용한다.
- 상대가 말한 내용을 일단 인정한다.
- 인정하지 않더라도 상대의 긍정적 의도를 이해한다.
- 상대가 의견을 제시하는 것뿐 아니라 반대 의견을 내더라도 그 자체를 감사하게 여긴다.
- 어려운 문제를 제기했을 때는 격려해준다.

'And'의 의미와 역할은 다음과 같다.
- 상대의 견해와 자신의 견해를 긍정적으로 연결하면서 미흡한 점을 상대가 스스로 보완할 수 있도록 한다.
- 상대의 견해와 자신의 견해를 통합한다.
- 상대와 나의 관계를 개선하며, 상대가 지지받는 느낌을 갖게 한다.

둘째는 'Yes, But'이다. 'Yes'로 응답하고, 'But'으로 새로운 의견을 제시하는 것이다. 상반되는 생각이나 아이디어가 나왔을 때, 관계를 해치지 않고 시너지를 창출할 수 있는 효과적인 방법이다.

'Yes'는 상대에게 동의하지 않지만 다음과 같은 의미를 지닌다.
- 상대를 존중하는 마음이다.
- 상대의 의견을 상대의 언어와 감정으로 요약하고 확인한다.
- 상호 이해의 공간을 마련함으로써 감정적 갈등을 방지한다.
- 서로 만족할 수 있는 방안을 창출할 가능성을 열어놓는다.

'But'은 상대방이 제기한 의견에 대해 다음과 같은 역할을 한다.
- 상대의 의견을 존중하지만 다른 관점을 제기한다.
- 상대의 이야기와 연결하고 논리의 부족한 점을 보완한다.
- 새로운 아이디어를 만들어낸다.
- 서로 만족할 수 있는 방안을 창출한다.

'Yes'와 'But' 사이에도 이해하는 과정이 필요하다. 상대의 이야기를 반박하기 전에 충분히 듣고 이해했다는 것을 표현해야 한다. 상대의 견해가 이해되지 않거나 명료하지 않다면 물어본다. 이것이 '상호 이해의 공간'이다. 상호 이해의 공간에서 상대가 말한 이야기의 핵심(내용, 감정, 욕구 등)을 그대로 반영할 때 상대는 내 이야기를 들을 여유가 생긴다.

피드백 능력이 의사소통 능력이다

피드백은 모든 인간관계의 완성도를 높여주는 역할을 한다. 피드백의 사전적 의미는 '행동에 대한 어떠한 반응'을 뜻한다. 어떤 행동의 결과가 처음 목적에 부합되는지를 확인하고, 그 정보를 처음으로 되돌려 적절하게 수정 또는 보완하는 것이다. 피드백을 통해 상대가 자신의 관점을 전환하고 성장할 수 있다.

세계적인 비즈니스 컨설턴트 리처드 윌리엄스(Richard Williams)는 『피드백 이야기』에서 지지적 피드백, 교정적 피드백, 학대적 피드백, 무의미한 피드백, 4가지로 설명했다.

지지적 피드백은 긍정적인 행동이 반복되도록 하는 피드백이다. 교정적 피드백은 상대의 행동에 변화를 일으켜 인간관계를 개선하고 발전시키는 데 유용하다. 학대적 피드백은 상대에게 모멸감을 주어 기존의 관계에 부정적인 영향을 미친다. 무의미한 피드백은 어떤 피드백도 받지 못하는 상황으로 학대적 피드백보다 더 부정적이다.

우리는 긍정적인 피드백보다 부정적인 피드백을 많이 한다. 상대의 의견이나 결과에 대한 판단, 평가, 지시, 훈계 등은 피드백이라기보다 통제적인 접근 방식이다. 피드백을 하기 전에 가장 좋은 방법이 무엇인지를 생각해야 한다. 그렇다고 항상 좋은 이야기만 하라는 것이 아니다. 부정적인 피드백을 할 때 효과를 높이기 위해서는 다음 사항을 고려해야 한다.

- 피드백을 하기에 알맞은 환경을 찾아라.
- 부드러운 질문으로 대화를 시작하라.
- 공통의 관심사부터 시작하라.
- 추궁이나 질책하는 느낌이 들지 않도록 근거를 들어 설명하라.
- 상대방의 필요적 욕구에 대해 말하라.
- 행동과 사실을 간결하게 이야기하라.
- 서로 공통의 책임을 가져라.
- 상대방이 선택할 수 있는 옵션과 기회를 제공하라.

피드백이 효과를 발휘하지 못하는 이유는 무의미한 피드백이거나, 교정적 피드백을 해야 하는 상황에서 학대적 피드백을 하기 때문이다. 긍정적이고 보완적인 피드백이 성장과 발전을 이끈다. 피드백은 의사소통과 대인관계를 좌우할 정도로 중요한 커뮤니케이션 기법이다.

2부

불통의 시대에서
살아남는 법

1장

함께하는
사람들과 대화하기

" 소통은 협상력을 높여준다 "

소통은 자신이 원하는 것을 얻기 위한 활동이다

삶은 협상의 연속이라는 말이 있다. 타인과 더불어 살아가면서 주고받는 모든 것이 협상이다. 협상은 상호작용이기 때문에 무엇보다 사람에 집중해야 한다. 사람들은 표정이나 몸짓으로도 의사를 표현한다. 상대의 말속에 숨은 진정한 의미를 파악하고 몸짓과 표정을 잘 관찰하면 협상에 필요한 단초를 마련할 수 있다. 협상에 실패하는 가장 큰 요인은 인식 차이다. 감성과 가치관이 서로 다른데서 갈등이 야기되는 것이다.

스튜어트 다이아몬드는 『어떻게 원하는 것을 얻는가』에서 효율적인 의사소통을 위한 13가지 요소를 다음과 같이 말했다.

- 언제나 대화를 통해 문제에 접근한다.
- 상대의 말을 듣고 나서 질문한다.
- 상대방을 비난하지 않고 존중한다.
- 오고 가는 대화 내용을 자주 요약한다.
- 감정을 배제한다.
- 목표를 자세하게 밝힌다.
- 관계를 손상하지 않는 선에서 확고한 태도를 취한다.
- 작은 신호를 놓치지 않는다.
- 인식 차이를 논의한다.
- 상대방이 약속하는 방식을 이해한다.
- 결정하기 전에 상의한다.
- 내가 통제할 수 있는 부분에 집중한다.
- 누가 옳은지 논쟁하지 않는다.

우리는 자신이 원하는 것을 얻기 위해 끊임없이 누군가와 의사소통을 한다. 원하는 것을 더 많이 얻고 싶은 것이 인간의 욕구이지만 거저 얻어지는 것은 아무것도 없다. 개인이나 가정, 조직, 사회 구성원은 물론 국가 간에도 협상을 하는 이유다. 협상하고자 하는 노력 없이 서로 자신의 욕구만을 채우려 한다면 세상은 무질서하게 돌아갈 것이다.

강점이 협상을 성공으로 이끈다

우리는 다른 사람을 경쟁 상대로 여기는 경향이 있다. 상대에게 이기려는 심리 때문에 다른 사람의 장점보다는 약점에 집중한다. 내가 상대방의 약점에 집중하는 것처럼 상대도 나의 약점을 파악하려고 한다. 미국의 정치가 벤저민 프랭클린은 "약점으로는 아무것도 이룰 수 없다. 강점에 집중해야 한다"고 말했다.

다른 사람과 관련된 일을 원만하게 수행하기 위해서는 상대의 좋은 점을 발견하려는 자세가 필요하다. 사람은 누구나 자신만의 특별한 재능과 장점을 지니고 있다는 생각으로 상대를 바라보면 반드시 좋은 점을 발견하게 된다.

다른 사람의 좋은 점을 발견하려는 마인드를 가진다면 상대가 가진 모든 것을 얻을 수 있다. 반대로 상대의 약점이나 문제점만을 들추거나 하찮은 사람으로 업신여기는 사람의 주위에는 아무도 남지 않는다. 그러므로 우리는 다른 사람의 좋은 점을 발견하는 습관을 길러야 한다.

영국의 작가 새뮤얼 스마일스는 "생각은 행동을 낳고, 행동은 습관을 낳고, 습관은 인격을 낳고, 인격은 운명을 낳는다"고 말했다. 사람의 생각이 행동, 습관, 인격, 운명을 결정한다는 뜻이다.

과거에 나는 효율적으로 소통하지 못했다. 상대의 약점과 문제점에 집중했고, 일방적으로 내 주장만 펼쳤다. 상대의 말을 충분히 듣지 않고 감정적인 비난과 거친 논쟁을 하기도 했다. 인식 차이를 간과하고 상대가 보내는 작은 신호를 무시함으로써 관계가 손상되었다.

이러한 나의 의사소통 방식은 협상이라기보다는 싸움이었다. 결국 내가 원하는 것을 얻지 못하고, 인생의 황금기인 40대 중반에 사업 실패로 피눈물을 흘렸다. 자신이 원하는 것을 얻기 위해서는 상대방의 강점에 집중해야 한다. 인간은 하루에도 수 없이 많은 선택을 한다. 일상적인 일이든 사업상 중요한 협상이든 어떤 선택을 하느냐는 오롯이 자신의 몫이다.

이메일은 형편없는 의사소통 수단이다

빠르게 발전하는 정보통신의 영향으로 소통 수단은 그 어느 때보다 다양하다. 그중 하나가 이메일이다. 스튜어트 다이아몬드는 『어떻게 원하는 것을 얻는가』에서 "2009년을 기준으로 사람들이 하루에 주고받는 이메일 수는 무려 340억 통에 이른다. 이는 1998년의 1,500만 통에 비해 2,000배나 늘어난 수치다. 2009년 한 해 동안 전송된 이메일은 10조 통이다. 거기에 스팸까지 포함하면 수치는 5배까지 늘어난다"고 하면서, "이러한 이메일 의사소통 수단은 형편없는 것이다"라고 주장했다.

이메일은 서로의 어조나 감정을 가늠할 수 없다. 수신자의 기분이 위축되어 있다면 발신자가 일반적인 내용을 썼더라도 공격적으로 느낄 수 있다. 발신자와 수신자의 인식과 관점이 서로 다르기 때문에 의도와 목적을 다르게 받아들이는 것이다. 부득이 이메일을 사용해야 하는 경우에는 다음과 같을 사용해보라.

- 부드러운 인사말과 친근한 어조로 발신자의 감정을 잘 드러내야 한다.
- 상대방이 보내온 메일에 즉각적으로 반응하는 것보다 시간을 충분히 갖고 반응한다.
- 이메일을 보내기 전에 상대방의 입장에서 충분히 검토한다.
- 내용이 복잡하거나 분량이 많다면 간결하게 요약하고, 별도로 첨부하는 것이 좋다.
- 상대방의 의사소통 방식을 감안하여 이해하기 쉽게 작성한다.

의사소통은 일방적인 것이 아니라 상대적인 것이다. 서로의 인식과 해석의 차이는 갈등을 일으키고, 갈등은 원망을, 원망은 싸움을, 싸움은 단절을 불러온다. 원하는 것을 얻고자 한다면 우선 상대의 입장에서 생각해야 한다. 따라서 이메일을 보내고 나서 전화를 하거나 직접 만나는 것이 좋다.

" 소통이 연봉 수준을 높인다 "

어떻게 하면 연봉을 더 많이 받을 수 있을까?

제4차 산업혁명 시대에는 직업을 바라보는 관점이 크게 달라질 것이다. 미래학자들은 기술에서 지식으로, 다시 관계로 이동할 것이라고 예측하고 있다. 지금까지 고액 연봉자들 중에는 정보기술, 과학, 공학, 수학 전공자들이 많았다.

미래에 가장 높은 가치로 평가받을 직업은 공감 능력을 발휘하여 관계를 잘 맺고 협력을 잘하는 사람들이다. 공감 능력 부족은 커뮤니케이션의 부재로 나타난다. 공감 능력 부족으로 기업과 조직은 물론 가정에서도 갈등이 증폭되고 의사소통에 어려움을 겪고 있다.

일반적으로 의사소통 능력을 문법적 능력, 사회 언어적 능력, 담화 능력, 전략적 능력, 4가지로 구분한다. 문법적 능력은 어휘와 문법에 관한 능력, 사회 언어적 능력은 사회적 맥락에 맞게 의사소통을 진행할 수 있는 능력, 담화 능력은 의사소통이 전체 담화에서 어떤 위치에 있는가를 파악하는 능력, 전략적 능력은 의사소통의 방향을 바꾸거나 시작하거나 멈추는 능력을 의미한다.

스튜어트 다이아몬드는 『어떻게 원하는 것을 얻는가』에서 개인의 의사소통 능력에 대해 이렇게 말했다.

"관계의 가장 강력한 기반은 감정에 따른 이끌림이다. 여기에는 호감, 신뢰, 서로의 니즈(needs), 사회적 연대, 경험의 공유, 공공의 적 등이 포함된다. 이러한 요소들이 강하게 작용할수록 서로에 대한 약속이 확고해진다. 반면 위협은 좋은 감정을 금세 악화한다. 상대방을 위협하는 것은 명백한 관계 파산이다. 연대감을 형성하는 가장 강력한 방법은 위협이 아니라 감정적 지불이다. 상대방이 스스로 감정을 극복할 수 있도록 도와줄 때 필요한 것이 바로 감정적 지불이다."

특히 관계를 맺을 때 지켜야 할 규칙은, "신뢰 정도에 따라 공개할 정보의 양을 조절하는 것과 최악의 상황이 벌어질 것이라는 전제하에 대비책을 마련하는 것"이라고 했다.

지금보다 더 높은 연봉을 받기 위해서는 문법적, 사회 언어적, 전략적으로 소통 능력을 길러야 한다. 이러한 소통 능력으로 사람들과 협력할 수 있어야 자신의 가치를 높일 수 있다.

소통 방식이 성공을 좌우한다

직장인이라면 누구나 가능한 많은 연봉을 받고 싶어 한다. 어떻게 하면 지금보다 더 많은 연봉을 받을 수 있을까? 그것에 대한 해답을 알기 위해서는 높은 연봉을 받는 사람과 낮은 연봉을 받는 사람의 능력 차이가 어디에 있는지를 살펴봐야 한다.

한국고용정보원은 우리나라 608개 직업에 종사하는 약 2만 1,700명을 대상으로 연봉 4,000만 원 이상의 근로자와 2,000만 원 이하의 근로자 간에 업무 능력과 특성, 흥미에서 어떠한 차이가 있는지를 분석했다.

연봉 4,000만 원 이상 받는 근로자들은 임금 결정의 주된 요소가 되는 총 44종의 업무 능력에서 2,000만 원 이하의 근로자들보다 뛰어났다. 그중 의사소통 능력이 단연 1위로 나타났고, 의사 결정력(6위), 수리력(13위), 창의력(20위), 시간 관리 능력(22위), 기억력(27위) 등에서도 차이를 보였다. 다양한 부분에서 뛰어난 역량을 갖추는 것도 좋지만 가장 중요한 것은 소통력을 높이는 것이다.

의사소통은 언어적 요소와 비언어적 요소로 이루어진다. 언어적 요소는 입으로 말하는 구어(oral language), 글로 표현하는 문어(written language)가 있다. 비언어적 요소는 제스처나 자세, 표정, 눈맞춤, 목소리, 억양 등이 있다.

소통력은 선천적 요인이라기보다 후천적으로 학습되는 것이다. 오늘날 가정과 학교, 직장에서 소통력을 배울 수 있는 기회는 거의 없다. 소통 능력이 성공을 좌우한다는 것을 깨닫고 다른 사람보다 한 발 먼저 소통 방식을 바꾼다면 성공 대열에 합류할 수 있다. 우리는 지금 소통의 시대에 살고 있다.

직장을 떠나는 이유

평생직장 개념이 사라지는 요즘 이직이 늘어나고 있다. 「이코노믹 리뷰(Economic Review)」는 글로벌 채용 전문 회사 헤이스(Hays)에 가입된 아시아 태평양 지역 약 3,000개 회사를 대상으로 조사한 결과, 아시아에서 근무하고 있는 직장인의 38%는 적극적으로 새로운 일자리를 찾고 있으며, 42%는 기회가 된다면 이직을 생각하고 있다고 밝혔다. 유럽 국가는 적극적으로 다른 직장을 찾는 사람이 60%에 가깝다.

우리나라는 OECD(경제협력개발기구) 회원국 가운데 이직률이 가장 높고 근로자 해고율도 최고인 것으로 나타났다. OECD에서 발표한 '고용동향 2018'에 의하면 한국의 이직률은 31.8%로, 고용 유연성이 상대적으로 높은 미국(19.7%)과 호주(19.2%)보다 높고, OECD 평균(16.9%)보다 14.9% 높게 나타났다.

이규원은 자신의 학위 논문에서 정규직 근로자 중 2014년부터 2017년까지 4년 사이에 퇴직한 2,580명의 '근속 기간'을 분석한 결과를 발표했다. 이들의 평균 근속 기간은 7.1년으로 남성이 8.8년, 여성이 6.4년이었다. 10년 이상 근속할 확률은 15.9%이며, 25%는 입사 후 4년 이내에 퇴직하는 것으로 나타났다. (「퇴작자의 근속 기

간에 대한 연구」, 이규원, 한국기술교육대학교 테크노인력개발대학원 석사 학위, 2019)

「노동리뷰」에 의하면 지난 10년 동안 연평균 36.9%가 1년 이내에 첫 직장을 그만둔 것으로 조사되었다.

직원들이 회사를 떠날 때는 분명 그만한 이유가 있다. 높은 이직에 직면한 고용주들은 떠나는 직원들을 비난하기보다는 먼저 직원들이 회사를 떠나는 이유를 알아야 한다. 새로운 직장을 찾는 가장 큰 이유 3가지는 급여 및 복리후생, 승진 가능성, 새로운 도전 추구이다.

직원들이 회사를 떠날 때 가장 큰 문제점으로 꼽는 것이 소통의 부재이다. 고용주나 리더는 충분히 설명했다고 하지만 직원들의 생각은 다르다. 사람들은 더 유연하고 융통성 있는 고용주와 리더를 찾아서 떠난다. 인재들의 마음을 사로잡기 위해서는 리더의 감성과 소통 능력이 무엇보다 중요하다.

" 미래의 리더는 소통력이 필수다 "

미래는 이런 리더를 필요로 한다

세계적인 리더십 전문가 존 맥스웰(John C. Maxwell)은 『함께 승리하는 리더』에서 소통 기술에 대해 다음과 같이 말했다.

"인간관계에 탁월한 사람과 마주하고 있을 때 대부분의 사람들은 이를 직감적으로 알 수 있다. 인간관계의 기술이 뛰어난 사람들은 다른 사람들과 쉽게 어울리고, 함께하는 사람들의 자긍심을 세워줌으로써 그들을 한 단계 더 높은 수준으로 끌어올린다. 또 그들과의 교제는 항상 유익하기 때문에 사람들은 그들과 함께 있고 싶어 한다. 자신의 인생이 성공하느냐 실패하느냐는 자신의 인간관계 기술에 달려 있다."

인간관계 기술은 소통력을 의미한다. 단순히 명령하거나 지시하는 것이 리더의 역할이 아니다. 명령과 지시는 긴급하고 중요한 사안이 있을 때만 하는 것이 좋다. 지시와 명령에 익숙한 리더의 최대 약점은 다른 사람의 말에 귀를 기울이지 않는 것이다.

커뮤니케이션 전문가 이정훈은 『성공하는 사람들의 1% 다른 소통의 기술』에서 마음을 움직이지 못하는 리더의 공통점을 다음과 같이 말했다.

- 자기중심적이다.
- 훈계나 충고를 하면서 가르치려 한다.
- 자기만의 확신에 빠져 있고, 불편한 말은 듣기 싫어한다.
- 일의 목적보다는 자존심을 앞세운다.
- 불편한 감정에 휩싸이면 듣기 거북한 욕설과 조롱도 서슴지 않는다.

이런 리더는 자신보다 상대가 변하기를 바란다. 리더는 사람들의 성공을 도와주고 미래에 영향을 끼치는 사람이다. 마음을 움직이는 리더는 유연하고 부드러우며, 일방적이지 않고 수평적인 자세로 소통을 한다. 권한을 남용하지 않고 위임하며, 구성원과 함께 성장하려는 파트너십을 발휘한다. 그러므로 리더는 사람들의 마음을 움직이는 소통의 기술을 갖춰야 한다.

자신이 변하면 세상이 변한다

상담가이자 작가인 잭 캔필드(Jack Canfield)는 『영혼을 위한 닭고기 수프 1』에서 자신이 먼저 변화하기가 얼마나 어려운지에 대해 이야기하면서 영국의 웨스트민스터 사원 지하에 있는 성공회 주교의 묘비에 적힌 비문을 소개했다.

"내가 젊고 자유로워서 상상력에 한계가 없을 때 나는 세상을 변화시키겠다는 꿈을 가졌다. 좀 더 나이가 들고 지혜를 얻었을 때 나는 세상이 변하지 않으리라는 걸 알았다. 그래서 내 시야를 약간 좁혀서 내가 살고 있는 나라를 변화시키겠다고 결심했다. 그러나 그것 역시 불가능한 일이었다. 황혼의 나이가 되었을 때 나는 마지막 시도로, 나와 가장 가까운 내 가족을 변화시키겠다고 마음먹었다. 그러나 아무도 달라지지 않았다. 이제 죽음을 맞이하기 위해 누운 자리에서 나는 문득 깨달았다. 만일 나 자신을 먼저 변화시켰더라면, 그것을 보고 내 가족이 변화되었을 것을. 또한 그것에 용기를 얻어 내 나라를 더 좋은 곳으로 바꿀 수 있었을 것을. 그리고 누가 알겠는가, 세상까지도 변화되었을지!"

인간관계 문제로 고통받는 사람들은 그 원인을 상대방에게 돌리는 경향이 있다. 그러나 문제의 원인을 자기 인식과 성찰에서 찾아야 한다. 스스로 변화할 각오를 해야 하는 것이다. 다른 곳에서 문제를 해결하려는 사람은 아무런 성과를 얻을 수 없다. 오히려 소중한 자신의 인생만 낭비하게 된다. 근본적인 문제가 오히려 증폭되어 더 큰 문제로 돌아오기 때문이다.

레프 톨스토이는 "사소한 변화가 진정한 삶을 이끈다"고 말했다. 소통 방식을 바꾸는 것이 진정한 변화의 시작이다. 자신의 사소한 말투 하나라도 변화되었다는 것을 느낀다면 주위 사람들이 떠나지 않을 것이다.

세상의 모든 것은 변한다. 변하지 않는 것은 변한다는 사실뿐이다. 오늘날 세상은 무서운 속도로 변하고 있다. 우리의 의지와 상관없이 세상은 빠르게 변한다. 사람들은 변화와 미래의 불확실성을 두려워하기 때문에 현실에 불만을 가지고 있으면서도 기존의 안전지대에 머물려고 한다. 하지만 변화의 흐름을 거스를 수는 없다. 변화하는 세상에 맞서려면 자신도 변해야 한다.

다문화 소통력을 키워야 한다

우리나라는 저출산, 고령화 시대를 맞이하고 있다. 생산 가능 인구 감소로 성장 잠재력의 저하가 우려되는 상황에서 이러한 추세는 더욱 강화될 것이다. 우리나라는 이미 다문화 사회의 확산기에 접어들었고, 머지않은 장래에 다민족 사회로 진입하게 될 것이다. 이민으로 세워진 미국은 세계의 다양한 인종과 문화가 융합되어 있는데도, 인종과 문화 차이로 인한 갈등과 반목이 거듭되고 있다.

한남대학교 계재광 교수는 『현대인과 성서』에서 이렇게 말했다.

"이러한 현상은 다문화 사회를 표방하고 있는 서구 유럽 국가

들도 예외가 아니다. 2010년 10월에 독일의 메르켈 총리가, 이듬해인 2011년에는 프랑스의 사르코지 대통령이, 그리고 영국의 캐머런 총리가 자국의 다문화 정책 실패를 선언했다. 우리보다 긴 이민의 역사를 가진 서구에서도 다문화에 대한 답을 찾지 못하고 갈등과 논쟁, 테러의 위협 속에 실패를 맞고 있는 것이다."

그는 또 우리나라의 다문화 현황을 다음과 같이 설명했다.

"우리나라도 이미 다문화 초기 진입기를 지나 확산기로 향하고 있다. 전체 인구 대비 비중이 10%가 되는 다문화 확산기에는 우리 사회도 서구와 비슷한 사회적 마찰이 본격화될 가능성이 높다. 2016년 말 기준 국내 체류 외국인은 2,049,441명으로 2015년 대비 8.5%(159,922명), 최근 5년간 매년 9.2% 증가했다. 전체 인구 대비 체류 외국인 비율은 2012년 2.84%에서 2016년 3.96%로 매년 상승세를 보인다. 2017년 말 체류 외국인은 2,180,498명에 달한다. 2007년 100만 명을 넘어선 이후 9년 만에 200만 명을 돌파하여 전체 인구의 4% 수준으로 빠르게 증가하고 있다. 2010년 이후 체류 외국인의 연평균 증가율이 8.4%로 유지되고 있는데, 이 추세라면 2021년에는 우리나라에 체류하는 외국인이 300만 명을 넘어 전체 인구의 5.8%에 해당할 것으로 예상된다. 전국에서 다문화 가족은 2016년 기준 316,000가구, 가구원 960,000명으로 전체 가구 대비 1.6%를 차지한다. 결혼 이민자 및 귀화자는 319,000명, 18세 이하 자녀는 201,000명, 배우자 등 기타 가구원이 440,000명이다."

나날이 증가하는 체류 외국인과 다문화 가족에 대한 우리 사회의 시각이 전환되어야 한다. 통계청이 발표한 '2006년 사회통계 조사 결과'에 의하면 가장 필요한 것은 '다문화 가족에 대한 편견'을 없애는 사회 분위기 조성(30.6%)으로 나타났다.

우리 사회가 다문화 가족과 더불어 살아가는 사회적 공동체가 되기 위해서는 새로운 리더십 패러다임이 필요하다. 그 변화의 핵심은 다문화 가족과 체류 외국인을 바라보는 관점의 전환이다.

앞으로 세계는 하나의 공동체가 되어갈 것이다. 정치, 경제, 사회, 문화가 점점 밀접하게 연결되어 긴밀한 상호 교류를 해야 한다. 이러한 글로벌 시대에 한 차원 더 넓은 시야를 가져야 한다. 앞으로 세계 시민으로 살아가기 위해서는 다문화 소통력을 갖춘 리더가 필요하다.

" 나는 장학금을 받고 회사에 다닌다! "

자네한테는 월급이 어떤 의미인가?

나는 고등학교를 졸업하고 첫 직장으로 명동에 있던 미도파 백화점 경리부에서 근무했다. 한창 왕성한 스무 살 나이에 자리에 앉아 매일 반복되는 업무를 하기가 여간 힘든 일이 아니었다.

그런데 하루는 과장님이 나를 부르더니 이렇게 말했다.

"홍 군, 이러다 자네랑 친구 되겠어."

순간 내 얼굴이 빨갛게 달아올랐다.

"왜 이렇게 실수를 자주 하나?"

숫자를 다루는 경리부에서 정확성은 생명과 같다. 주판으로 계산하는 업무를 맡은 나는 빨리 처리하려는 마음에 검산을 소홀히

했다. 과장님은 내가 하던 일을 옆자리 선배에게 맡기고 나를 힐끔 쳐다봤다.

"죄송합니다. 앞으로 잘하겠습니다."

"그만 가봐!"

자리로 돌아오면서 나는 속으로 생각했다.

'영업부로 보내달라고 할까? 아무래도 경리부가 적성에 안 맞나 봐!'

이번에는 감사님이 호출했다.

"거기 앉게. 내가 자네를 부른 이유를 아는가?"

나는 아무 대답도 하지 못했다.

"요즘 실수를 자주 한다더군. 회사에서 지급하는 월급이 자네 한테 어떤 의미인가? 물론 자네는 일한 대가를 받는다고 생각하겠지? 하지만 회사는 초보자인 자네한테 매월 장학금을 주면서 몇 년 동안 업무를 가르치는 것이라네. 사장의 관점에서 일하면 사장이 될 걸세. 훗날 자네가 사장이 되었을 때를 상상해보게. 앞으로 세무회계를 담당해보면 어떻겠나?"

"감사합니다. 열심히 하겠습니다!"

감사님과 면담을 마친 후 무엇인가 하고 싶다는 생각이 들었다. 분명히 야단을 맞았는데 이상하게 서운하거나 기분이 나쁘지 않았다. 감사님의 충고와 조언은 평생 나의 관점을 잡아주는 균형추가 되었다. 그날 이후로 나는 직장에 대한 관점이 완전히 바뀌었다. 그리고 3가지를 마음에 품고 실천하기로 다짐했다. 장학금을 받으면서 회사에 다닌다는 자세로 일하기, 다른 사람보다 30분 일

찍 출근하기, 그리고 무엇보다 나의 실력을 갖추기 위해 세무회계
학원에 다니는 것이었다.

어떻게 직장에서 인정받을 것인가

아무리 치열한 경쟁을 뚫고 입사한 직장이라도 시간이 지나면
초심을 잃게 마련이다. 직장 생활에 불만이나 갈등이 생길 때면 초
심으로 돌아가 자신을 점검해보자.

인적자원 개발 전문가 박태현은 『누가 회사에서 인정받는가』에
서 어느 조직에서나 인정받는 사람은 다음 3가지 조건을 충족한다
고 말했다.

첫째, 전문 분야에서 차별화된 역량을 보유하고 있다.

둘째, 어떠한 난관에도 식지 않는 열정을 갖고 있다.

셋째, 어느 누구와도 소통하고 협업에 능하다.

조직에서 확고한 입지를 다지기 위해서는 '차별화된 역량'을 키
워야 한다. '차별화된 역량'을 키우기 위해서는 '자기 계발'보다 '역
량 계발'에 집중해야 한다. 자기 계발은 취미 또는 흥미로 배워두
면 좋은 것(nice to know)이고, 역량 계발은 배우면 바로 활용할 수
있는 것(need to know)이다.

조직에서는 역량과 열정, 소통이 조화롭게 이루어졌을 때 성과

가 극대화된다. 소통 능력의 바탕은 대화이며, 대화의 핵심은 상호작용이다. 언변이 뛰어나다고 해서 소통을 잘하는 것은 아니다. 대화의 기술보다 상대방의 이야기에 귀 기울이는 경청이 더 중요하다.

점점 더 중요하게 부각되는 협업에서 가장 필요한 능력 중 하나는 갈등이나 이견을 조화롭게 조정하는 '코디네이터 역할'이다. 갈등을 조정하고 의견을 수렴하여 아이디어를 극대화하는 것이다. 구성원으로서 인정받기 위해서는 역량, 소통, 협업의 기본 능력을 반드시 갖추어야 한다.

관점을 바꾸면 길이 열린다

5년 전 추석에 아들 가족이 집에 왔다. 저녁 식사를 마친 후 아들이 말했다.

"아버지, 사우나 가실래요?"

나와 이야기를 나누고 싶을 때 아들이 늘 하는 말이다.

"그럼, 좋지! 지금 가자."

오늘은 어떤 이야기를 할지 궁금했다. 나는 목욕탕에 앉아 아들의 이야기를 듣고 나서 말했다.

"네가 정말로 하고 싶은 이야기가 뭐냐?"

"제 적성과 잘 맞지 않는 부서에서 일하는 게 힘들어요. 연봉도 적은 편이고요. 저는 입사 동기들에 비해 나이가 네다섯 살 정도

많잖아요. 제 또래 친구들과 비교하면 차이가 많이 나요."

"네가 정말 바라는 것을 조금 더 구체적으로 말해보렴?"

"일단은 제가 원하는 업무를 하면서 동기나 친구들 연봉을 뛰어넘으면 좋겠어요."

"친구들의 수준을 뛰어넘을 방안은 있니?"

"제가 일하고 있는 분야의 전문가가 되면 가능할 것 같아요."

"네가 생각할 때 회사의 어느 부분과 충돌하는 것 같니?"

"제가 기대했던 비전과 현실의 차이예요. 적성에 맞지 않는 부서에서 성격도 안 맞는 상사와 함께 근무하는 것도 힘들어요. 그리고 연봉이 생각보다 적어요. 그래서 가끔은 이직을 생각해요."

"회사에서 너를 채용한 이유가 뭘까?"

"회사에서 수년 내에 필요한 인재로 성장할 수 있다는 가능성을 봤겠죠."

"현 시점에서 회사는 너를 어떻게 생각할까?"

"지금도 채용 당시와 같을 거라고 생각해요."

"그렇다면 너는 지금 당장 어떻게 하고 싶니?"

"부서를 옮겼으면 하는데, 방법이 있을 것 같아요."

"이직 문제는 어떻게 생각하니?"

"한꺼번에 이것저것 하는 것보다는 먼저 저의 가치를 높여야겠어요."

"어떻게 너의 가치를 높일 수 있을까?"

"일단 다른 부서로 옮겨서 업무 영역을 넓혀보려고요."

"그것 말고 다른 방법도 있을까?"

"사람들과 더 잘 지내야겠어요. 박사 과정에 진학해서 공부를 하는 것도 좋겠고요."

"앞으로 이런 경우가 또 생긴다면 어떻게 대처할 수 있을까?"

"우선 저의 비전과 방향성을 생각할게요. 그다음은 제 삶의 의미와 역량을 살피고, 조직과 사회에 기여할 수 있는지를 점검해야겠죠."

"이런 계획들을 언제까지 이룰 수 있겠어?"

"5년 내에 이룰 수 있도록 노력할게요."

"네가 원하는 일들을 언제쯤 이룰 수 있는지 순차적으로 정리해볼래?"

"부서 이동은 잘 고려해서 올해 안에 시도해볼게요. 대학원 박사 과정은 3년 후쯤 시작하고요. 봉급 문제나 이직은 역량과 가치를 높여야 하니까 5년 정도 시간이 필요할 것 같아요. 그때 가서 이직도 고려하고, 평소에 사람들과 좋은 관계를 맺도록 노력할게요."

대기업에서 문화 콘텐츠 전략기획을 담당하던 아들은 자신의 계획을 하나씩 실천하기 시작했다. 아들은 5년이 지난 지금 유망 중소기업으로 이직하여 문화 콘텐츠 전략기획 담당 임원으로 재직하고 있다. 그곳에서 역량을 마음껏 발휘하며 활기차게 자신의 길을 걸어가고 있다. 이처럼 누구나 자신과의 소통을 통해 관점을 바꾸면 보이지 않던 미래의 길이 열린다.

❝ 금융기관의 긴급 상황을 회생시키다 ❞

내 삶의 극적인 반전이 시작되었다

서울 생활을 정리하고 대전에 자리를 잡기 시작한 나는 지역의 여러 단체에 참여했다. 10여 년 동안 신용협동조합 운영위원과 새마을금고 감사 등으로 활동하면서 지역의 각종 단체에도 관여했다. 내가 지역 금융기관에서 활동할 수 있었던 것은 직장에서의 세무회계 경력과 부동산 중개 실무 경험 덕분이었다.

어느 날 한동안 서로 소식을 주고받지 않던 신용협동조합 이사장이 연락을 해왔다.

"홍 위원님, 시간이 어떠신지요? 상의할 것이 있어서요."

"네, 바로 찾아뵙겠습니다."

그 당시 나는 사업 실패 이후 초라한 모습을 누구에게도 보이고 싶지 않았다. 하지만 은둔의 시간을 보내고 있을 때도 누군가의 손길을 기다렸다. 실패한 나를 잊지 않고 찾아준 신용협동조합의 이사장님이 고마웠다.

"위원님, 우리 신협의 본점을 이전하는 문제로 뵙자고 했습니다."

"본점을 옮기시려고요?"

"본점을 옮길 장소를 좀 물색해주세요. 부동산 전문가이신 위원님을 믿고 맡기기로 이사회에서 논의됐어요. 그동안 위원님은 신협을 위해 열심히 활동했기 때문에 상황을 잘 아시잖아요."

"네, 기꺼이 해보겠습니다. 필요한 조건을 알려주시면 참고하겠습니다."

얼마 후 상권 분석과 물건 분석 등의 자료를 들고 이사장과 임원진 앞에서 브리핑을 했다.

"홍 위원님이 1순위로 추천한 건물이 가장 마음에 듭니다. 건물주와 협의해주세요."

협상은 마음이라는 변수가 작동한다. 협상을 원만히 이끌기 위해서는 상대의 속마음을 정확하게 알아야 한다. 진정성과 자신감을 확실하게 보여주어야 상대가 마음을 연다. 따라서 코디네이터 역할을 하는 중재자는 어느 한쪽의 편에 서지 않아야 한다.

신협이 들어가고자 하는 빌딩의 건물주와 협의를 시작했다. 건물은 법인 소유로 되어 있어서 절차가 복잡했다. 건물을 관리하는 책임자는 내가 원하는 답변을 해주지 못했다. 나는 의중을 알아보기 위해 의사 결정권자를 직접 만났다.

"회장님의 정확한 뜻을 알고 일을 진행해야 할 것 같습니다. 제가 추진하는 일의 방향이 회사 입장에 부합하지 않는다면 말씀해주세요. 그리고 이 일을 계속할 경우 대화 창구를 일원화해주셨으면 합니다."

내 말을 듣고 있던 부사장과 담당자는 물론 회장의 안색이 달라졌다. 그 모습을 본 순간 2가지를 직감했다. 하나는 자신들의 속내를 읽히기 싫은 것이었고, 다른 하나는 나의 돌발적인 발언에 당황한 것이었다.

잠시 뒤 회장이 말했다.

"좋습니다. 저는 건설회사를 경영하고 있기 때문에 건물을 임대하기보다는 매각해야 합니다. 그래서 선뜻 임대 결정을 하지 못했고요. 그 건물 1층에는 이미 다른 업종이 들어와 있어서 임대하기도 쉽지 않아요. 혹시 소문이 잘못 나면 안 되잖아요. 어떻게 하는 게 좋을지 홍 사장님이 해결 방법을 좀 알려주세요."

회장과 나는 서로 마음을 터놓고 진솔한 대화를 나누었다. 나는 건설회사의 입장을 알게 되었다. 대상 건물은 자회사를 설립하여 운영하고 있었지만 모든 업무는 모회사에서 직접 관리했다.

1년 6개월 후 신용협동조합은 그 건물에 입점했다. 본점을 새로운 지역으로 이전한 신협은 급성장하여 매년 실적이 큰 폭으로 갱신되었다. 나에게 의뢰한 이사장이 감사의 인사를 했다.

"위원님 덕분에 우리 신협이 급성장하고 있어요. 감사합니다."

"오히려 저에게 기회를 주서서 감사합니다."

나는 여러 복잡한 과정을 말끔하게 정리했다. 신협과 건설회사를 중재하는 과정에서 내게 기회의 문이 열렸다. 나는 건물 매매 가격을 적정가로 협의하고, 당초 신협이 계획했던 임대보증금보다 상향하는 것으로 약정했다. 그렇게 해서 나는 별도의 자금 부담 없이 건설회사가 소유하고 있던 법인을 인수하고 신협이 입주한 건물의 경영자가 되었다. 실패를 딛고 다시 일어설 수 있었던 것은 인간관계 덕분이었다. 소통의 부재로 실패했던 내가 인간관계로 다시 일어선 것이다. 내 삶의 극적인 반전이 시작되었다.

금융기관을 살리다

새마을금고 감사직을 맡고 있을 때의 일이다. 어느 해 12월 24일 크리스마스이브 오후에 새마을금고 이사장에게 연락이 왔다. 이 사장은 평소에도 수시로 나에게 전화를 하거나 직접 만나서 중요한 업무를 상의했다.

"감사님, 오늘 저녁 식사를 함께하고 싶은데 시간 괜찮으세요?"

"네, 좋습니다."

약속 시간보다 일찍 도착해 이사장실에서 담소를 나누고 있는데 때마침 직원이 들어왔다. 그런데 업무 보고를 받는 이사장의 표정이 심상치 않았다.

"이사장님, 무슨 일 있으세요?"

"오늘 오전에 증권회사에 입금하려고 나간 직원이 아직도 연락이 안 된답니다."

금융 사고였다. 다른 직원들이 수차례 통화를 시도했지만 실패했다. 평소에 나와 친하게 지내던 직원이었기에 나도 나서서 통화를 시도했다.

"나, 홍 감사야! 내 전화 받아줘서 고맙네!"

"감사님, 면목 없습니다."

"어떻게 된 일이야? 자네 지금 어디 있어?"

직원은 한참 머뭇거리다 대답했다.

"서울에 있어요. 장충단공원 근처예요."

"거기 꼼짝 말고 기다리고 있게. 내가 지금 출발할 테니."

"오지 마세요. 제가 내일 대전으로 내려갈게요."

"오늘 밤에 나를 꼭 만나야 돼. 그래야 자네가 살아! 오늘 시재 마감은 아직 안 했으니 늦기 전에 입금하자! 돈은 어디 있나?"

"제가 가지고 있습니다."

긴급 임원회의를 마치고 밤 10시가 되어서야 대전을 출발했다. 이사님 한 분이 운전한 차가 얼마나 빨리 달렸는지 서울 장충동 태극당 앞에 도착한 시간은 11시 조금 넘어서였다. 내 주변에 낯선 사람 2명이 서성거리고 있었다. 어두컴컴한 곳에서 나를 지켜보던 그 직원이 다가왔다.

"감사님, 죄송합니다. 감사님과 통화하고 마음을 돌렸습니다."

"일단 포장마차에 들어가서 얘기 나누세."

"예, 알겠습니다."

"증권회사에 입금한다면서 어떻게 된 일이야?"

"연말까지 자금 운용을 잘해서 수익을 많이 올리려고 했습니다."

"어떻게 수익을 올려?"

"제가 아는 사람이 옛날 만 원권 화폐에 투자하면 수익률이 높다고 해서요. 죗값은 달게 받겠습니다. 평소에 감사님을 존경했습니다. 돈은 여기 있습니다."

나는 직원에게 돈을 받아 들었다. 일명 구권 사기 사건에 놀란 직원의 일탈이었다. 새벽 2시가 넘은 시간까지 사무실에서 기다리던 이사장이 인사를 했다.

"감사님, 정말 고맙습니다. 감사님 덕분에 저희 새마을금고가 살았습니다."

이전에도 해당 새마을금고는 전국적으로 알려진 큰 금융 사고를 겪었다. 당시에 그 지점은 문을 닫거나 다른 지점에 합병되는 기로에 있었다. 하지만 지금은 지역에서 우뚝 선 금융기관으로 자리 잡았다. 나는 평소의 소통으로 맺은 좋은 관계를 통해 급박한 금융 사고를 잘 해결할 수 있었다.

" 강점과 잠재력 개발 "

내 안에 열정적 끈기가 불타고 있다

과거에 나는 매우 활동적인 사람이었다. 다른 사람들과 어울리기를 좋아하고 대화를 주도하는 성격 탓에 나와 함께하려는 사람들이 많았다. 그리고 한 가지 일에 집중하기보다 여러 가지 일을 동시에 했다. 행동이 빠르고 과감한 편이기는 했지만 신중하거나 끈기가 있지는 않았다. 그리고 열정은 있었으나 덜렁대는 습관으로 실수가 잦았다.

이런 내 모습을 보고 어떤 사람들은 이런 말을 하기도 했다.

"말보다 행동이 빠른 사람이야."

"일 하나는 아주 잘 벌이는 사람이지."

"추진력은 끝내주는데, 마무리가 잘 안 된다니까."

이것은 부정적인 인식이었다. 내게 좋은 점이 있다는 것을 알면서도 사람들은 부족한 부분이나 약점을 강조했다. 나에 대해 부정적인 시각을 가진 사람들과 소통이 원만할 리 없었다. 나는 신뢰를 바탕으로 한 인간관계를 형성할 수 없었기에 사업 실패를 뼈저리게 경험해야 했다.

나는 새로운 삶을 살기 위해 약점과 부족한 점을 보완하기로 했다. 그리고 과감하게 결단하고 끈질기게 실행한 결과 지금의 모습으로 변화했다. 요즘에는 이런 말을 자주 듣는다.

"연륜이 묻어나요. 멋있어요."

"아주 편안하고, 여유로워 보여요."

"뭔가 꽉 채워진 모습이에요."

사람들은 내가 달라졌다는 것을 느꼈다. 그러나 지금도 예전의 성격을 그대로 간직하고 있다. 다만 내 안에 있는 잠재력이 계발된 것뿐이다. 지능지수, 재능, 환경을 뛰어넘는 열정적 끈기의 힘(GRIT)을 개발한 앤절라 더크워스(Angela Duckworth)는 『그릿』에서 다음과 같이 말했다.

"성공의 정의는 끝까지 해내는 것이다. 성공한 사람들의 특성은 회복력이 탁월하고 근면하며 자신이 원하는 바가 무엇인지 깊이 이해한다. 결단력이 있을 뿐만 아니라 나아갈 방향도 알고 있으며, 특별한 점은 열정과 결합된 끈기가 있다는 것이다."

나는 열정적 끈기의 힘으로 작은 성취와 성공을 이루었다.

내 안에 잠재되어 있던 성장(growth), 회복(resilience), 내재적 동기 (intrinsic motivation), 끈기(tenacity)가 나를 작은 성취와 성공으로 이 끌었다. 지금도 내 안에 열정적 끈기가 불타고 있다.

목표를 정하고 집중하라

개인과 조직의 탁월성을 위해 필요한 것은 무엇일까? 이 질문 에 대한 답은 강점 심리학의 아버지로 불리는 도널드 O. 클리프턴 박사와 폴라 넬슨(Donald O. Clifton & Paula Nelson)의 『강점에 올인하 라』에서 찾을 수 있다.

"사람은 누구나 자신만의 독특한 강점을 지니고 있다. 자신의 강점을 찾아 집중한다면 누구도 따라올 수 없는 특별한 성공에 도 달할 수 있다. 강점이 주는 혜택은 3가지가 있다. 하나, 새로운 시 각으로 사람을 보게 된다. 둘, 좋음(very good)과 위대함(great)의 차 이를 알게 된다. 셋, 탁월한 성공을 얻는다. 사람들을 성공에 이르 게 하는 데는 3단계 과정이 있다. 1단계 : 하나의 강점을 선택하 라. 2단계 : 강점의 상상을 즐겨라. 3단계 : 강점의 활용을 반복하 라."

세계적인 여론조사 기관 갤럽의 학자들이 도널드 O. 클리프턴 박사의 주도로 미국의 수백 개 회사와 1,000개가 넘는 학교를 대 상으로 강점의 효과를 검증했다. 이후 25만 명 이상의 경영자와 판 매원, 교사, 의사, 조종사, 운동선수 등을 대상으로 연구한 결과가 동일한 것으로 나타나 조직에 널리 활용되고 있다.

하나의 강점을 선택하기란 쉽지 않다. 자신이 과거에 성공했던 경험 중에서 발견할 수도 있다. 자신의 강점을 발견한 사람은 시각화를 통해 성공 가능성을 높일 수 있다. 자신이 잘하는 일을 찾아서 그것을 조금 더 자주 하는 것이다. 자신이 가지고 있는 재능만으로는 부족하기 때문이다.

사람들은 강점과 재능을 비슷한 개념으로 사용한다. 강점과 재능은 비슷한 점이 많기는 하지만 엄연히 서로 다르다. 가장 큰 차이는 강점은 도덕적 특성이 있지만, 재능에는 도덕적 개념이 없다는 것이다. 그리고 강점은 계발할 수 있지만, 재능은 강점만큼 계발하기가 쉽지 않다.

강점은 개인의 내적인 능력이다. 강점은 저절로 강해지는 것이 아니며, 약점을 고친다고 해서 강점이 계발되는 것은 더더욱 아니다. 강점을 발전시키는 방법은 목표를 정하고 거기에 집중하는 것이다.

강점을 찾아 활용하라

사람들은 누구나 몇 개의 대표 강점(signature strengths)을 지니고 있다. 자신의 대표 강점이 현재 자신의 모습이자 정체성이다. 강점은 스스로 인정하고, 자부심을 느끼며, 일과 사랑, 자녀 양육 등 일상에서 발휘하는 탁월한 특성을 말한다.

긍정심리학의 창시자 마틴 셀리그만은『긍정심리학』에서 강점의 특성에 대해 이렇게 말했다.

"자신의 강점이 진정한 내 모습이라고 할 수 있는 정체성을 확인하면 자신감이 생기고, 그러한 강점을 드러낼 때 큰 기쁨을 느낀다. 강점을 활용하면 학습과 일의 속도가 매우 빠르다. 강점에 따라 행동하기를 열망하며, 강점을 활용할 때 피곤하기보다 오히려 기운이 난다."

마틴 셀리그만이 개발한 강점 검사(VIA)에서 나타난 나의 대표 강점 5가지는 영성, 사랑, 인내, 진실, 용기다. 대부분 나다운 모습을 보여주는 것이지만, 나 스스로 생각한 강점인 리더십과 열정은 후순위에 있다. 10여 년 동안 계발된 나의 대표 강점은 나를 더 나은 삶으로 이끌어준 동력이었다.

나의 어떤 점이 변화되었을까?

이전의 내 모습에 비해 외적으로 크게 달라진 부분은 차분한 행동, 유연한 태도, 절제된 언어 등이다. 특히 내적으로 크게 변화된 것은 주어진 과업과 목표에 대한 열정과 집중력, 그리고 끈기를 들 수 있다.

나는 어떻게 변하게 되었을까?

지난 10여 년 동안 나는 실패를 딛고 '다시 한 번 살아보겠다'는 의지를 다지면서 공부에 집중했다. 대학 과정, 신학 과정, 석사, 박사 과정을 공부하면서 그만두고 싶을 때도 있었지만 끝까지 포기하지 않았다.

나를 변하게 한 것은 무엇일까?

집중하며 끈기 있게 해낼 줄은 나 자신조차 몰랐다. 달라지고 싶다는 간절한 마음과 절실함이 있었기 때문이다. 내 마음 안에 있는 한 움큼의 가치를 발견한 것이 행운이었다.

경영학의 아버지로 불리는 피터 드러커(Peter F. Drucker)는 『드러커 100년의 철학』에서 이렇게 말했다.

"무엇인가를 성취할 수 있는 것은 언제나 강점을 통해서만 가능하다. 약점을 이용해서 행할 수는 없다. 이제 와서 자신을 바꾸려고 해서는 안 된다. 힘들뿐더러 거의 불가능한 일이다. 가장 자신 있는 분야에서 업무 방식을 향상하는 데 힘쓰는 편이 더 낫다."

자신의 약점을 고치려고 시간과 노력을 투자하는 것은 바람직하지 않다. 나는 여전히 약점이 많은 사람이다. 이런 나도 변했듯이 누구나 변할 수 있다. 약점이 많다 하더라도 강점 하나를 찾아 활용하면 인간관계와 소통에 새로운 장이 열릴 것이다.

" 마음의 안경 바꿔 쓰기 "

외모보다 내면이 더 중요하다

최 사장은 10여 년 전 내가 운영하던 부동산 중개 사무소로 찾아온 고객이었다. 허름한 점퍼 차림에 손톱 밑에는 기름때가 잔뜩 묻어 있던 그의 모습이 아직도 기억에 생생하다. 그는 자신이 방문한 목적에 대해 한마디도 설명하지 않은 채 일방적으로 자기가 궁금한 것만 몇 마디 물었다. 그러나 나는 주변 상황에 대해 정중하고 성실하게 답변해주었다.

당시 그는 차분하고 조용한 인상이어서 점포를 임대하려고 찾아온 줄로만 알았다. 며칠 후 그는 다시 찾아와 건축 컨설팅을 의뢰했다. 그는 한창 개발 중이던 2,000세대 신규 아파트 정문에 위치한 토지를 소유하고 있었다.

"이 토지의 설계와 건축, 임대까지 홍 사장님이 진행해주셨으면 합니다. 홍 사장님이라면 믿을 수 있을 것 같습니다."

"처음 뵈었는데도 일을 맡겨주시니 감사합니다. 성실하게 진행하겠습니다."

당시 나는 그 토지의 주인을 백방으로 수소문하던 중이었다. 그런데 우연히 주인이 먼저 찾아온 것이다. 부동산 중개 사무소에서 고객을 대할 때는 외모를 보고 판단하는 경우가 많다. 좋은 차를 타고 좋은 옷을 입을수록 돈이 많아 보이기 때문이다. 그러나 최 사장은 허름한 차림으로 처음 만났을 때부터 소중한 인연을 맺었다. 외모보다 내면을 보았기 때문이다.

그 후 10년쯤 지난 어느 날 최 사장에게 연락이 왔다.

"홍 사장님, 오랜만입니다."

"최 사장님, 이게 얼마 만입니까? 여태까지 저를 잊지 않으시고 전화를 주시니 정말 감사합니다."

"홍 사장님 전화번호를 알아내느라 얼마나 힘들었는지 아세요? 오늘 상의할 것이 있으니 저녁 식사나 함께 합시다. 시간 좀 내주세요."

"네, 알겠습니다. 저도 최 사장님을 얼른 뵙고 싶네요."

10여 년 만에 만나 저녁 식사를 하면서 최 사장이 용건을 말했다.

"지금 제가 장사를 하고 있는 옆 건물을 매입하고 싶어요. 알아보니 주인이 여간 깐깐한 게 아니고 매매 가격도 상당히 비쌉니다.

그리고 1층에 세 들어 있는 사람들도 내보내야 하고요. 홍 사장님은 침착하시고 업무적인 설득력도 좋으시니 부탁드릴게요. 꼭 성사되게 해주세요."

"네, 최선을 다해보겠습니다. 연락드릴 때까지 답답해도 기다리고 계세요. 제가 근처를 지나가더라도 아는 척하지 마시고요."

"10년이 지나서도 만났는데 그 정도를 못 기다리겠습니까?"

최 사장은 그 건물을 매입하기 위해 10여 년을 노력했다고 했다. 대전역 부근 대로변 노른자 땅에 위치한 건물이었다. 그리고 그의 오랜 숙원이 이루어졌다. 한 달여 지난 후에 거래가 성사되었던 것이다.

손톱 밑에 기름때가 잔뜩 묻어 있던 그가 10여 년 만에 다시 찾아와 또 다른 선물을 안겨주었다. 그와 처음 만났을 당시 내가 그의 외모만 보고 편견을 가졌다면 이런 소중한 만남이 이어졌을까? 그는 내게 사람은 '외모보다 내면이 더 중요하다'는 것을 일깨워주었다.

자신이 쓰고 있는 안경으로 세상을 본다

타인에 대해 선입견을 가진 사람들이 의외로 많다. 전형적인 틀 안에서 섣부른 평가를 한다. 상대방의 실제 모습이 어떤지도 잘 모르면서 낙인을 찍기도 한다. 사람은 누구나 자신의 시각으로 보려고 한다. 자신이 보고 싶은 것만 보려고 하기 때문에 선입견을 가지는 것이다. 건강한 인간관계를 위해서는 편견과 선입견을 버려야 한다.

그러나 오랫동안 굳어진 편견과 선입견은 하루아침에 바뀌지 않는다. 자신의 신념과 가치관, 주관과 연관되어 있기 때문이다. 다행히 우리 마음속에는 자신을 바라보는 안경, 타인을 바라보는 안경, 세상을 바라보는 안경, 상황을 바라보는 안경 등 다양한 안경을 가지고 있다.

색안경을 끼고 보면 진실을 똑바로 보지 못하기 때문에 상대방에게 공감하지 못한다. 그러므로 마음속에 지니고 있는 다양한 안경들을 언제든지 상황에 맞게 꺼내 쓸 수 있어야 한다.

영국의 라이프스타일 철학자 로먼 크르즈나릭(Roman Krznaric)은 『공감하는 능력』에서 공감의 중요성을 강조했다.

"공감은 혁명을 이뤄낼 수 있다. 지금까지 있었던 구식 혁명, 즉 법률과 제도, 정부를 새로 세우는 그런 혁명이 아니라 훨씬 더 근본적인 것, 즉 인간관계의 혁명을 일으킨다. 자기중심적 경쟁에서 공감을 통한 협업으로 모든 관계를 바꿀 수 있다."

또한 그는 공감 능력이 뛰어난 사람들은 다음의 6가지 습관을 기르기 위해 노력한다고 말한다.

첫 번째 습관 : 두뇌의 공감 회로를 작동한다. 자신의 정신적 프레임을 바꾸는 습관으로, 공감은 인간의 본성이며 평생에 걸쳐 확장될 수 있다는 것을 인지한다.

두 번째 습관 : 상상력을 발휘해 도약한다. 타인의 인간성과 개성, 관점을 인정하려고 의식적으로 노력한다. '타인'에는 '적'까지 포함한다.

세 번째 습관 : 새로운 체험에 뛰어든다. 자신의 삶과 문화와 상반되는 것들을 직접 체험하고, 여행과 사회적 협력 등을 통해 탐사한다.

네 번째 습관 : 대화의 기교를 연마한다. 낯선 사람들에 대한 호기심, 철저하게 듣는 습관, 그리고 감정을 가리는 가면을 벗어던지는 습관을 키운다.

다섯 번째 습관 : 안락의자 여행자가 되어본다. 예술, 문화, 영화, 그리고 SNS를 통해 다른 사람의 마음속으로 여행을 떠나본다.

여섯 번째 습관 : 주변에 변혁의 기운을 불어넣는다. 대규모로 공감을 이끌어내 사회 변화를 도모하고, 나아가 자연계까지 포용할 수 있도록 공감의 폭을 넓힌다.

안경의 색깔에 따라 세상은 다른 색으로 보인다. 따라서 안경을 알맞게 바꿔 써야 상대방을 제대로 볼 수 있다. 자신이 가지고 있는 공감의 안경을 언제든지 꺼내 쓸 수 있도록 노력해야 한다. 다른 사람에 대한 편견의 색안경을 벗고 상대방을 있는 그대로 받아들일 수 있어야 한다.

코칭으로 동기부여를 하라

코칭은 동기부여를 넘어 동기를 강화한다

의사소통에서 리더가 갖춰야 할 중요한 역량 중의 하나가 코칭 (coaching)이다. 코칭은 자기 주도적인 삶을 지향하며 수평적 인간관계를 바탕으로 이루어지는 상대 중심적 대화 방식이다. 코칭은 상대방을 '무언가 부족한 존재'가 아니라 '잠재력과 가능성이 풍부한 인간'으로 바라보는 데서 출발한다. 동료나 직원을 자신보다 못한 존재로 여기거나, 가르치고 훈계하려 든다면 진정한 리더의 역할을 할 수 없다.

특히 우리 사회는 여전히 통제와 지시, 훈계, 규칙, 전통을 우선시하여 자율적인 창의성을 제한하는 경우가 많다. 사람은 누구나 스스로 선택하고 결정하고 책임질 때 동기부여가 가장 잘되고, 몰입도와 성취감이 높게 나타난다. 가장 큰 동기부여는 스스로 보상하는 자기 만족에서 비롯되며, 코칭은 자기 만족을 이룰 수 있도록 지원한다.

다음에 제시하는 코칭의 6단계를 지속적으로 연습한다면 일상에서 자연스럽게 활용할 수 있다. 예시된 질문은 상황에 맞게 얼마든지 재구성해도 된다.

1단계 : 주제 확인

"현재 자신에게 중요한 이슈는 무엇인가요?"

"조금 더 구체적으로 설명해주시겠습니까?"

"이것을 하려는 목적은 무엇입니까?"

"그 이슈가 자신의 미래에 어떤 영향을 미치게 될까요?"

2단계 : 상황 인식

"현재 상황은 어떤가요?"

"이 상황을 바라보는 자신에게 어떤 말을 할 수 있을까요?"

"지금까지 생각해본 결과는 무엇입니까?"

"그동안 자신이 성취한 것 중에서 가장 기억에 남는 것은 무엇입니까?"

3단계 : 목표 설정

"자신이 진정으로 원하는 것이 무엇인가요?"

"어떻게 되기를 바랍니까?"

"그 목표가 자신에게 중요한 이유는 무엇입니까?"

"그 목표 너머에 어떤 꿈이 있습니까?"

4단계 : 대안 탐색

"목표 달성을 위해 자신이 할 수 있는 것은 무엇인가요?"

"목표를 위해 지금까지 시도해본 것은 무엇입니까?"

"예전과 달리 무엇을 시도해보겠습니까?"

"어떤 대안이 가장 효과적이라고 생각합니까?"

5단계 : 실행 계획

"그 대안을 이루기 위해 구체적으로 무엇을 해보겠습니까?"

"활용할 수 있는 자신만의 자원은 무엇입니까?"

"혹시 그 과정에 장애 요인이 있다면 무엇입니까?"

"자신의 어떤 강점으로 그것을 이루어낼 수 있습니까?"

6단계 : 정리

"그것이 잘 진행되고 있다는 것을 어떻게 알 수 있습니까?"

"지금까지 이야기한 것을 간단히 정리해주십시오."

"오늘 대화를 통해 무엇을 깨닫게 되었나요?"

"대화를 마치면서 자신에게 어떤 느낌이 듭니까?"

코칭은 질문하는 방식으로 이루어진다. 질문을 받은 상대는 동기부여를 얻고, 자신의 생각과 선택으로 결정하며, 스스로 실행한다. 코칭을 잘하려면 상대의 이슈를 해결하기보다는 먼저 상대에게 호기심을 가져야 한다. 부모와 선생님, 기업과 조직의 리더들이 코칭을 잘할 수 있다면 구성원들이 확실한 동기부여를 얻게 되고, 조직은 능동적으로 움직일 것이다. 코칭을 통해 동기부여를 넘어 동기를 강화할 수 있다.

자율성이 우리 마음을 움직이고 행동하게 한다

인간은 누구나 자율성, 관계성, 유능성, 3가지 심리적 욕구를 지니고 있다고 한다. 이것은 로체스터 대학교 사회심리학 교수 에드워드 데시가 내재적 동기부여에 대한 자기결정성 이론에서 주장한 것이다. 그는 '당근과 채찍이 사람의 행동을 결정한다'는 스키너의 행동주의 전통을 뒤집고, 인간의 자율성이 동기부여에 미치는 영향력을 심리실험을 통해 검증했다. 사람의 가장 기본적인 욕구인 자율성이 우리의 마음을 움직이고 행동하게 한다는 것이다.

경영 컨설턴트 수전 파울러(Susan Fowler)는 『최고의 리더는 사람에 집중한다』에서 동기부여에 대해 이렇게 말했다.

"동기부여의 진실은 사람들이 자율성, 관계성, 역량에 대한 심리적 욕구를 지니고 있다는 전제에서 출발한다. 사람들이 동기부여가 되어 있지 않다고 생각하는 것은 잘못이다. 사람들은 늘 뭔지 모르는 어떤 욕구에 사로잡혀 있다. 좋은 선택, 긍정적인 힘, 경이로운 느낌을 원하지 않는 사람이 있을까? 동기부여의 진실은 이렇다. 인간은 배움을 통해 성장을 추구하고, 일을 즐기기를 원한다. 또 생산적인 사람이 되기를 기대하고, 누군가에게 긍정적으로 기여하기를 바라며, 오래 지속되는 인간관계를 지향한다. 이는 외부의 어떤 동기부여 요인이 작용한 결과가 아니라 바로 인간의 본성이기 때문이다."

그는 직원들의 동기부여에 부정적인 영향을 미치는 리더의 행동 요인 5가지와 개선 방향에 대해 다음과 같이 제시했다.

개인적인 일이 아니라 비즈니스일 뿐이다

"그렇게 생각하면 안 돼!"라는 식으로 말해서는 안 된다. 직원들의 느낌이나 감정을 인정하고 확인하는 것이 중요하다. 그리고 평가나 개인적인 칭찬보다 진솔하고 구체적인 견해를 제시하는 것이 좋다. 더불어 직원들에게 선택권을 주고 그들의 마음을 열기 위해 개방형 질문을 한다.

비즈니스의 목적은 돈을 버는 것이다

직원들의 희생으로 수익을 추구하거나 직원들을 멈추지 않는 기계로 생각해서는 안 된다. 직원들의 역량에 관해 의견을 제시하지 않거나 능력이 없다는 이유로 불이익을 주는 일도 삼가야 한다. 직원들이 업무와 연관된 가치관과 목적의식을 가질 수 있도록 지원하고, 전체 조직의 이익을 위한 행동을 계획해야 한다. 그리고 직원들의 내재된 동기부여를 끌어내고, 직원들의 역량을 객관적으로 평가한 다음 어떤 교육과 훈련이 필요한지 상의한다.

리더는 권력을 가지고 있다

권한을 넘어서는 책임을 지운다거나 자신의 지위를 이용해 강압적인 권력을 휘두르지 않는다. 또한 자신이 어떤 결정을 내린 이유를 감춰서도 안 된다. 직원들의 선택을 장려하고 주어진 범위 안에서 여러 가지 선택권을 함께 검토하며, 목표에 대한 개인의 흥미와 열정을 탐구한다. 직원들에게 합리적 근거와 정보를 제공하고, 자신의 의도를 허심탄회하게 드러내는 것이 중요하다.

단 하나 중요한 것은 결과다

목표나 업무 마감일을 강요하거나, 노력을 무시하고 결과만 평가해서는 안 된다. 또한 직원 개인의 욕구를 골고루 헤아리지 않고 조직의 욕구만을 강조하는 것도 삼간다. 목표와 업무의 시한을 상호 협의하고, 성과를 달성하는 데 필요한 정보를 제시한다. 직원 개인이 주어진 목표를 의미 있게 받아들일 수 있도록 돕는다. 그리고 다양한 실행 전략을 함께 탐구하며, 직원 개인에게 적절한 방향을 제시하고 본인의 역량을 개발할 수 있도록 지원한다.

측정할 수 없는 것은 필요 없다

경쟁을 지나치게 강조하거나 실수를 방치해서는 안 된다. 또한 학습의 가치를 과소평가해서 역량 개발 기회와 훈련 프로그램을 소홀히 하는 것도 삼간다. 직원 개인의 흥미와 열정을 탐구하며, 실수를 학습의 과정으로 여기고, 자기 반성과 성장을 독려한다. 그리고 성과를 내기 위한 목표뿐만 아니라 학습의 목표도 함께 강조한다.

나도 협상의 달인

협상 능력을 높이기 위한 셀프 코칭

협상은 한 사람의 일방적인 승리를 위한 것이 아니며, 일순간에 상대를 쓰러뜨리는 게임도 아니다. 그러나 사람들은 자신에게 더 유리한 환경을 조성하려고 때로는 강압적인 방법을 사용하기도 한다. 강압적인 방법은 일시적인 효과를 얻을 수 있지만, 지속적인 인간관계를 해친다. 필요한 것을 강압적으로 얻고자 한다면 사람들로부터 멀어진다. 협상에서 가장 염두에 두어야 할 것이 서로 윈윈(win-win)할 수 있느냐 하는 것이다.

강압적인 방법보다는 협상을 통한 문제 해결이 더 효율적이고 발전적이다. 협상 능력을 높이기 위해서는 셀프 코칭(self coaching)을 통해 협상 계획을 세우면 좋다.

1. 협상의 주제는 무엇인가?

2. 협상의 목적은 무엇인가?

3. 기대하는 목표는 무엇인가?

   (협상을 통해 얻을 수 있는 최고 기대치를 정하고 만족할 만한 목표를 설정한다. 또한 협상을 포기할 최저 기대치도 설정한다.)

4. 이번 협상은 어떤 의미가 있는가?

5. 어떤 대안을 가지고 있는가?

6. 실패할 경우 대안은 무엇인가?

7. 양보할 수 있는 것은 무엇인가?

8. 상대방이 느끼는 압박은 무엇인가?

9. 자신이 느끼는 압박은 무엇인가?

10. 너무 많은 것을 양보하지 않고 상대를 만족시킬 방안은 무엇인가?

11. 상대와 공통으로 갖고 있는 관심사는 무엇인가?

12. 상호 만족을 위한 선택 방안은 어떤 것이 있는가?

13. 협상에 임하는 입장은 무엇인가?

14. 협상 시간과 장소는 정해졌는가?

15. 참여하는 대상은 어떤 사람들인가?

16. 참여하는 사람들의 권한은 어느 정도인가?

17. 발생할 수 있는 돌발 변수는 어떤 것이 있는가?

18. 수용하기 곤란한 것에 대한 거절 방안은 어떤 것이 있는가?

19. 준비한 시나리오를 어느 정도 숙지하고 있는가?

20. 협상에 장애가 되는 요인은 무엇인가?

21. 어떻게 극복할 것인가?

22. 추가로 지원받을 요소나 필요한 자원은 무엇인가?

23. 결렬되었을 때 어떤 조치를 취할 수 있는가?

상호작용을 위한 소통에서는 내가 원하는 것을 말하기보다는 상대가 바라는 것에 초점을 두어야 한다. 상대의 말이나 욕구를 먼저 받아들인 후 자신의 말과 욕구를 전하는 것이 좋다. 이것이 의사소통을 원활하게 하기 위한 상호작용의 출발점이다.

협상은 자신의 이익과 상대방의 이익이 충돌하면서 시작되고, 서로의 이해관계를 충족하는 과정이다. 협상에서는 강제적인 해결 방식을 찾지 않으려는 태도가 중요하다. 서로 어느 정도의 이익이나 명분을 얻는 것으로 갈등을 해결하려는 노력이 필요하다.

2장

사랑하는
사람들과 대화하기

" 소통은 우리를 행복하게 만든다 "

할아버지께서 심어주신 행복 씨앗

어느 날 아침 아내가 이렇게 말했다.

"반찬이 없어서 미안해요."

"당신 얼굴이 반찬인데 뭐가 걱정이야?"

나는 웃음 띤 얼굴로 이렇게 말하며 맛있게 먹었다. 아내의 얼굴에 웃음꽃이 활짝 피어올랐다. 이것은 일상의 내 모습 중 하나이다. 내가 처음부터 이랬던 것은 아니다. 행복한 미래를 만들고자하는 의지를 가지고 오랜 시간 꾸준히 노력한 결과이다.

부부는 행복 통장의 잔고를 늘려가는 소중한 벗이다. 그러므로 가족과 먼저 좋은 추억을 쌓아야 한다. 훗날 서로 웃을 수 있도록 미리 저축해놓아야 한다. 흔히 부부는 말하지 않아도 서로를 잘 알고 있어야 한다고 하지만 그것은 큰 오산이다. 자신도 잘 모르는데 어떻게 상대를 알 수 있겠는가? 평생 함께 살아도 알 수 없는 것이 사람의 마음이다. 표현하면서 서로를 알아가야 한다. 일상에서 사소한 것이라도 말이나 행동으로 표현한다면 결과는 놀라울 정도로 달라진다.

추억의 그림 한 장쯤은 누구나 지니고 있을 것이다. 나도 특별한 그림 한 폭을 간직하고 있다. 조부모님께서 마음 통장에 새겨주신 행복한 그림이다. 지금도 가끔씩 먼 곳을 바라보며 조부모님을 그리워하곤 한다. 가정형편 때문에 네 살 때부터 조부모님이 나를 키워주셨고, 초등학교 3학년에 올라가면서 부모님이 계시는 서울로 가게 되었다. 내가 서울로 떠나기 전에 할아버지께서 이렇게 말씀하셨다.

"석고야! 망아지는 제주도로 보내고 사람은 서울로 보낸단다. 가서 공부 잘하고, 사각모 쓰고 와야 한다."

아무것도 몰랐던 나는 그저 울면서 가기 싫다고 했다. 눈가를 훔치시던 할아버지의 모습이 지금도 눈에 선하다.

어린 나이에 낯선 환경에서 적응하기가 쉽지 않았다. 서울에 올라오자마자 밥하고, 청소하고, 물 긷고, 동생들 돌보고, 온갖 잔심부름을 도맡은 영락없는 머슴이었다. '이러려고 나를 데려왔나?' 하는 생각이 들었다.

중학교만 졸업하면 돈을 벌어 오라던 아버지, 고등학교 2학년에 재학 중인 나를 보증 세우고 돈을 빌린 아버지였다. 날마다 술에 취해 가족을 괴롭히던 아버지는 20대 초반인 나에게 7남매의 장남이라는 버거운 짐만 지우고 47세에 세상을 떠나셨다.

출근하는 새벽길에 내 손은 꽁꽁 얼어붙었다. 200여 계단을 내딛는 발걸음에 맞춰 숨소리는 하얀 입김과 함께 차가운 공기를 갈랐다. 나는 아버지처럼 찢어지게 가난한 삶을 살지 않겠다고 다짐했다. 그날도 할아버지께서 심어주신 행복 씨앗을 꺼냈다.

소통을 통해 행복을 만들어간다

나는 아이들에게 설명하기보다는 질문을 하려고 한다. 아이들의 대답에서 어른들이 미처 생각하지 못했던 것들을 깨달을 수 있기 때문이다. 우리는 가르치고 싶은 마음이 앞선 나머지 아이들에게 틈을 주지 않는다. 아이들과 소통하려면 아이들 입장에서 물어봐야 한다. 세 살짜리 아이의 말도 귀담아들을 것이 있다고 했다.

나는 행복해지고 싶다는 생각이 들 때면 할아버지를 생각하곤 했다. 그 덕분에 50여 년 전 할아버지께서 당부하셨던 사각모의 꿈을 이루게 되었다. 할아버지께 받은 좋은 추억의 그림을 이제는 손자와 함께 그리기 시작했다. 어느 날 다섯 살짜리 손자와 이런 대화를 나눈 적이 있다.

"할아버지가 궁금한 게 있는데 설명해줄 수 있니?"

"뭔데요?"

"혹시 행복을 알아?"

"네!"

"행복이 뭐지?"

"사랑하는 거죠."

"그럼 사랑은 어떻게 하는 거야?"

"마주 보고 웃어주는 거지요."

"와! 우리 손자 덕분에 할아버지가 행복과 사랑을 알게 되었네. 고마워!"

손자 녀석이 으쓱한 표정을 지었다. 그렇다. 마주 보고 웃어주는 것이 행복이다. 짧은 대화를 통해 손자에게 행복이 무엇인지 배웠다. 손자의 말대로 나는 늘 웃으려고 한다. 나는 불우한 환경 때문에 행복할 수 없다고 생각했다. 누가 뭐라고 하지 않았는데도 스스로 움츠리고, 다른 사람들과 비교하며 부러워했다. 그러나 이제는 다르다. 할아버지께서 내게 남겨주신 추억의 그림처럼, 새로운 추억의 그림을 손자와 그리고 있다. 이렇게 손자와 나는 소통하며 행복을 만들어간다.

어떻게 행복해질 수 있을까?

사람들은 누구나 행복을 꿈꾸며 살아간다. 그러나 행복한 환경을 만들기가 쉽지 않은 현실이다. 세상은 능력과 성과로 사람들을 평가한다. 불평등과 불안정은 갈수록 심화되어 희망을 가지기보다는 비관과 절망감에 빠지는 사람들이 늘어나고 있다. 사람들이 행복하지 않다고 느낄수록 가정과 조직, 그리고 사회에 부정적인 영향을 미친다.

유엔 자문기구에서 발표한 '세계행복보고서'(2019)에 따르면 우리나라의 행복지수는 156개국 중 57위이며, OECD 35개 국가 중에서 하위권에 해당한다. 우리나라 사람들은 공동체에 대한 신념이 낮고, 삶의 만족도, 개인의 삶과 일의 균형(work-life balance)에서도 하위권이었다.

우리나라 사람들이 행복하지 않다고 느끼는 이유는 무엇일까? 첫째, 과도한 물질주의, 둘째, 지나친 경쟁 의식, 셋째, 과정과 결과에 대한 그릇된 인식을 들 수 있다. 우리나라 사람들은 행복을 외부적 요인에서 찾으려는 경향이 강하기 때문이다.

행복지수가 높은 나라는 부와 권력, 지위, 명예에 큰 가치를 두지 않는다. 서로에 대한 믿음, 더불어 사는 삶, 개인의 삶과 일의 균형, 존중과 배려를 더 중요한 가치로 여긴다. 행복한 사람들은 삶의 요인을 외적 요소보다 내적 가치에 둔다. 긍정심리학을 창시한 마틴 셀리그만은 "행복은 만들 수 있다"고 말했다. 행복은 타고난 부유한 환경과 행운으로 얻어지는 것이 아니라, 바이올린 연주나 자전거 타기와 같이 꾸준한 연습과 노력으로 얼마든지 행복한 삶을 살 수 있다는 것이다.

셀리그만의 연구에 의하면 누구나 기본적으로 50%의 행복지수를 지니고 있으며, 40%는 자발적인 행동으로 얼마든지 만들 수 있다고 한다. 사람들이 중요하게 여기는 돈, 결혼, 나이, 직업, 건강, 교육, 인종, 성, 종교 등의 외적 요인이 행복에 미치는 영향은 10% 정도로 미미하다. 그런데도 우리는 행복 수준을 높이기 위해 외적 요인들에 얼마나 열중하고 있는가?

"죽사발이 웃음이요, 밥사발이 눈물이다"라는 속담이 있다. 먹을 것이 있어도 근심과 걱정 속에 지내는 것보다 가난하게 살더라도 걱정 없이 사는 편이 낫다는 의미다. 행복한 삶의 진정한 의미를 가르쳐주는 선조들의 지혜이다. 부자가 아니어도, 명예가 없어도 우리는 얼마든지 웃을 수 있다. 이처럼 행복은 상대적인 것이 아니라 절대적인 것이다.

우리는 행복에 대한 인식의 오류를 가지고 있다. 즉, 누구나 행복에 대한 막연한 기대를 가지고 있으며, 맹목적으로 행복에 집착하고 완벽한 행복을 바란다. 이러한 인식을 바꿔야 행복을 만들 수 있다. 작은 관심과 표현으로 얼마든지 행복을 만들 수 있다.

66
소통으로 꿈이 생긴 아이들
99

아이들의 해맑은 모습이 떠오른다

나는 최근까지 7년 정도 학교 현장에서 다양한 아이들과 만났다. 초등학교, 중학교, 고등학교를 찾아가 어울림, 학교 폭력, 감정 조절, 다문화 이해 등의 프로그램을 진행했다.

얼마 전 한 초등학교에 갔을 때의 일이다. 수업을 시작하고 질문을 했는데, 아이들이 서로 눈치를 보듯이 멀뚱거리기만 했다. 이럴 때는 일단 노는 것이 상책이다.

"선생님을 따라 해봐요. 잘 노는 것이 잘사는 것이다!"

아이들은 놀자는 말에 활짝 웃으며 모두 큰 소리로 따라 했다.

"잘 노는 것이 잘사는 것이다!"

가벼운 놀이를 하고 나서 질문하면 아이들의 호응은 기대 이상이다.

"어떻게 놀아야 잘 노는 것일까?"

"싸우지 않고 친구들과 사이좋게 놀아요."

"공부도 같이 해요."

"서로 도와줘요."

수업을 마칠 즈음에는 아이들이 자신의 꿈을 서로 발표하려고 한다.

"저는 소방관이 꿈이에요."

"저는 외교관이 되고 싶어요."

"저는 선생님이 될 거예요."

"저는 가수가 꿈이에요. 무대에서 춤추며 노래할 거예요."

"선생님, 언제 또 와요? 이런 수업은 매일 하면 좋겠어요."

우리는 아이를 '아동'이라고 부른다. 아동(兒童)은 "마을에 서서 놀고 있는 아이"라는 의미를 담고 있다. 아이들은 활동하기를 좋아한다. 어느 곳이든 아이들이 잘 놀 수 있는 환경을 조성해주는 것이 어른들이 해야 할 일이다. 지금 이 글을 쓰는 순간에도 아이들의 해맑은 모습이 떠오른다.

이 세상에 똑같은 아이는 없다

어느 날 중학교 2학년 남학생이 찾아왔다.

"집에서는 엄마 잔소리, 학교에서는 선생님 잔소리, 집에도 학교에도 엄마가 있어요."

"그렇게 생각하는 이유가 뭐지?"

"집에서는 엄마가, 학교에서는 선생님이 대장이에요. 엄마는 내 의견은 물어보지도 않고 공부나 하래요. 항상 말을 안 듣는다고 잔소리해요."

"엄마랑 선생님이 어떤 잔소리를 하지?"

"학교에서는 성적, 평가, 과제를 조금만 잘못해도 혼을 내요. 집에서는 엄마가 선생님 말씀 잘 들었는지, 수업은 잘 듣고 왔는지, 친구들과 사이좋게 지냈는지 일일이 물어봐요. 그리고 성적은 어떤지, 숙제는 하는지, 학원에는 다녀왔는지 하나하나 챙겨요. 그뿐인 줄 아세요? 게임하지 마라. 공부는 언제 할래? 휴대폰 뺏는다. 정말 숨 막히고 짜증 나요! 내가 어린애도 아니잖아요?"

"그럼 엄마랑 선생님이 어떻게 해주면 좋겠어?"

"한번 말하고 나면 내가 알아서 할 때까지 기다려주면 좋겠어요. 계속 물어보는 건 정말 싫어요. 가끔씩 친구들하고 놀고 싶은데 못 놀게 해요. 엄마는 할 말이 없으면 커서 뭐가 될래? 하고 다그쳐요."

누군가 한 사람이라도 마음을 알아주었으면 하는 것이 어린 친구의 바람이었다. 내가 중학교 2학년이었을 때 "가난은 네 탓이 아니야!"라고 다독이며 참고서를 주시던 담임선생님은 어떤 마음이었을까? 그 마음을 받고 자라난 내가 아이의 이야기를 듣고 있었다.

중학생은 자신의 영역을 차지하기 위해 도전하는 시기다. 아이들이 차지하고 싶은 영역은 의외로 간단하다. 부모님과 선생님에게 인정과 지지를 받으면서도 어느 정도 자율성을 보장받고 싶어 한다.

부모님과 선생님은 아이들을 보호하고 학습과 성장을 촉진하는 역할을 한다. 그런데 아이들이 바라는 것은 어른들이 의욕을 조금만 내려놓는 것이다. 아이들의 눈높이에 맞춰 협상하기 위해서는 부모님과 선생님이 소통 역량을 갖춰야 한다. 이 세상에 똑같은 아이는 하나도 없다.

아이들에게 필요한 것은 '현미경'이 아니라 '망원경'이다

예술고등학교에서 수업을 마치고 나오는데 2학년 남학생이 조심스럽게 나를 불렀다.

"선생님, 죄송한데요. 잠깐 이야기를 나누고 싶어요. 시간 괜찮으세요?"

"그래, 괜찮아."

"학교 다니기가 너무 힘들어서 미칠 것 같아요."

"어떤 것이든지 좋으니까 편하게 말해봐."

"선생님, 다음 주에 자퇴하려고요."

"무슨 이유인지 자세히 말해줄 수 있니?"

"저는 기타가 전공이에요. 실용음악을 하고 싶은데 학교나 집에서는 클래식을 계속하라고 해요. 제가 좋아하고 잘하는 것을 하고 싶은데 말이에요."

"네가 결정하는 데 가장 걸리는 것은 뭐니?"

"부모님이 완강하세요. 그래서 일단 자퇴부터 하려고요."

"부모님과 전쟁 중이야? 자퇴도 부모님 동의가 있어야 가능하지 않나?"

아이는 아무 말도 하지 못했다.

"부모님은 너에게 어떤 존재야?"

"저를 길러주시고 지원해주시는 든든한 버팀목입니다."

"부모님이 완강하게 반대하시는 이유가 뭘까?"

"대학교에 진학해서 생각해도 늦지 않다고 하시거든요. 저를 설득하는 거죠. 제가 믿음직스럽지 않으니까요."

"부모님께서 생각하는 믿음직스런 아들의 모습은 뭘까?"

"집에서 열심히 연습하는 모습이에요. 부모님 반대가 심해서 집에서는 아예 연주를 하지 않았어요. 지금부터라도 제가 연주한 실용음악을 녹음해서 들려드려야겠어요. 음악 콩쿠르도 나가볼게요. 그동안 이런 것들을 전혀 하지 않았거든요."

나는 그저 잠깐 동안 질문하고 들어주었을 뿐이다. 얼마 후 그 아이한테 감사의 문자가 왔다.

"선생님 덕분에 학교 잘 다니고 있어요. 부모님께 제 계획을 말씀드렸더니 실용음악을 허락해주셨어요. 더구나 꽉꽉 밀어주신대요. 감사드려요. 열심히 할게요!"

모든 부모는 자신의 아이가 잘되기를 갈망한다. 그리고 아이들은 커갈수록 자신의 길을 스스로 찾고 싶어 한다. 그러나 아이들은 자신의 마음을 부모에게 전달하는 능력이 부족하다. 부모가 아이들의 마음을 먼저 헤아려준다면 얼마든지 소통할 수 있다. 아이들이 필요로 하는 것이 무엇인지 알아야 지원해줄 수 있는 것이다.

눈앞에 있는 것만을 관찰하는 현미경으로는 미래를 바라볼 수 없다. 현미경은 현실을 보고, 망원경은 미래를 본다. 아이들이 정작 필요로 하는 것은 현미경이 아니라 망원경이다. 아이들에게 망원경을 들려주어야 한다.

" 위기에서 벗어나 건강한 가정으로 "

서로 소통하는 것이 삶의 지탱선이다

50대 초반의 한 남성은 처음 만났을 때 어두운 표정에 의기소침해 보였다. 그는 자신의 아내에 대해 이야기를 나누고 싶어 했다.

"현재 생활이 어떤지 말씀해주시겠어요?"

"하루가 너무 짧아요. 할 일은 많은데 무기력하게 보내요. 마음이 스폰지처럼 무너져요. 잠드는 시간과 일어나는 시간도 일정하지 않고요. 아내는 자기 주장이 너무 강해요. 식사 시간도 대중없이 자기 마음대로예요. 아침도 그냥 넘어갈 때도 있고요. 그러다 보니 가족 모두의 생활 리듬이 깨져버리죠."

"마음이 스폰지처럼 무너진다는 것이 어떤 의미인가요?"

"마음이 채워지지 않아요. 내 속이 텅 비어 있고, 무언가에 눌려 찌그러진 것 같아요."

"이유가 무엇일까요?"

"아내가 나를 존중해주었으면 합니다."

"평소에 이런 마음을 아내에게 이야기하나요?"

"아내에게는 이야기하지 않아요. 그냥 혼자 삭이죠. 아내에게 말하기가 부담스러워요. 싸우고 싶지도 않고요."

"부담스러운 이유가 뭘까요?"

"아내가 저를 압도해요. 저는 아무 말도 못 해요. 자기 마음대로 하니까요."

"아내에게 진정으로 바라는 것이 무엇인가요?"

"바라는 것은 있지만 요구하고 싶지 않아요. 어차피 아내는 자기가 싫어하는 것은 하지 않을 테니 굳이 말할 필요가 있나 싶어요."

그랬던 그가 2주일 뒤에 아내와 함께 활짝 웃는 모습으로 다시 찾아왔다. 그의 아내도 대화에 참여했고 날이 갈수록 편안해졌다.

대화를 마치고 그는 이런 말을 남겼다.

"시작할 때는 부담감이 있었는데, 대화할수록 마음이 잡히면서 생각이 정리됐어요. 나 스스로 할 수 있는 것을 선별할 수도 있고요. 그동안 쉽게 결정하지 못하고 실행하지 못했던 것들을 할 수 있을 것 같아요. 특히 아내에게 가졌던 부담감을 떨쳐내고 대화를 시도했는데 반응이 괜찮았어요. 이제 저의 말문이 열린 듯해요. 부부가 서로 소통해야 삶을 지탱할 수 있다고 생각합니다."

삶이 건강한 가족들의 특성

누구나 가정의 행복을 원한다. 그러나 행복이 말처럼 간단하지 않다. 주어진 행복을 지키기는 더욱 어렵다. 일이 잘 풀리고 자신이 원하는 대로 잘 흘러갈 때도 있지만, 어느 날 갑자기 시련이 찾아오기도 한다. 그럴 때를 대비해서 어떻게 가족의 행복을 지키고 시련을 극복할 것인지를 알아두어야 한다.

이 세상에 완전한 가족은 없지만 삶이 건강한 가족은 있다. 건강한 가족은 '구성원 모두 심리와 정서적 욕구가 충족되고, 서로 긍정적인 의사소통을 하며, 내부와 외부의 변화에 대처할 수 있다.'

한국건강가족연구소 유영주 소장은 『가족관계학』에서 "건강한 가족은 가족의 외적 구조에 중점을 두는 것이 아니라, 가족 구성원 상호 간의 내적 과정에 중점을 둔다"고 말했다. 또한 그는 존 드프레인(John DeFrain)과 닉 스티넷(Nick Stinnett)이 주장한 건강한 가족의 6가지 특성을 다음과 같이 소개했다.

첫째, 감사와 애정이 있다. 건강한 가족은 서로 보살피고, 보살핌을 받고 있다는 사실을 알고 있으며, 스스럼없이 애정을 표현한다.

둘째, 헌신하고 의무를 수행한다. 건강한 가족의 구성원들은 다른 가족원의 복지를 위해 헌신하고, 가족과 함께하는 데 시간과 에너지를 투자한다.

셋째, 긍정적인 의사소통을 한다. 건강한 가족은 문제를 정확하게 규명하고 그것을 함께 해결하기 위해 논의하는 과업 중심적인 의사소통을 자주 한다. 또한 서로의 이야기를 듣고 말하는 데 많은 시간을 보낸다.

넷째, 함께 즐거운 시간을 보낸다. 1,500명의 학생들을 대상으로 행복한 가족을 만드는 것은 무엇인가에 대해 조사한 결과, 극히 소수의 학생들만 돈, 차, 근사한 집이라고 대답했고, 대부분은 가족들이 즐거운 시간을 같이 보내는 것이라고 응답했다.

다섯째, 정신적 안녕을 누린다. 종교적 신앙, 영적인 평안, 윤리적 가치나 대의 명분, 낙관적인 생활관 등을 포함하며, 가족원들을 성장하게 하고 사소한 언쟁을 초월한다.

여섯째, 스트레스와 위기를 성공적으로 관리한다. 건강한 가족은 스트레스와 위기의 영향을 받지 않고, 위기에 직면하더라도 무너지지 않는다. 오히려 스트레스와 위기를 창조적이고 효과적인 방법으로 해결할 수 있다. 또한 문제를 예방하고 가족이 함께 대처하는 방법을 알고 있다.

이처럼 건강한 가정을 이루면 행복은 저절로 주어진다. 모든 가족들은 나름의 문제와 장점을 가지고 있다. 하지만 대부분의 가족들이 문제점을 지나치게 강조함으로써 가족의 장점을 인식하지 못한다. 이에 대해 미네소타 대학교 데이비드 올슨(David H. Olson) 교수는『행복한 결혼 건강한 가족』에서 이렇게 말했다.

"자녀에게 부모는 매우 중요하다. 부모의 일거수일투족은 자녀의 행동에 그대로 반영되므로, 자녀는 곧 부모의 거울이라고 할 수 있다. 이렇듯 부모가 자녀에게 영향을 미치기도 하지만, 자녀도 부모에게 영향을 미친다. 이와 같이 부모와 자녀는 서로에게 영향을 미친다. 따라서 '서로를 비난하는 행위'를 하지 않아야 한다. 강조할 것은 건강한 부부가 건강한 가족의 기반이 된다는 점이다."

건강한 가족은 저절로 이뤄지는 것이 아니다. 건강한 가족이 되기 위해서는 가족 간 의사소통과 상호작용이 유쾌하게 이루어져야 한다. 특히 부부간의 수평적인 의사소통과 상호작용이 매우 중요하다.

늦은 나이에 철이 들다

눈은 빨갛게 충혈되고 얼굴에 핏기라고는 없는 50대 여성이 찾아왔다. 그녀는 남편의 거친 성격과 과격한 행동 때문에 하루하루가 지옥 같다고 했다. 자신은 물론 성인이 된 세 자녀가 겪고 있는 고통은 말로 표현할 수 없을 만큼 심각하다는 것이었다.

"지금 심정은 어떠세요?"

"어디론가 조용히 사라지고 싶어요. 너무나 힘들고 고통스러워서 이렇게 살아서 뭐 하나 싶기도 하고요. 차라리 눈앞에서 남편이 사라졌으면 하는 마음이 들기도 합니다. 남편은 모든 것을 자기 맘대로 해놓고 나중에는 우리 탓을 해요. 아이들은 30년 동안 숨도 제대로 못 쉬었어요. 이제 지칠 대로 지쳤습니다."

"남편이 그렇게 하는 이유가 있나요?"

"그 속을 어떻게 알겠어요. 괜한 트집이죠. 도대체 다른 사람의 말은 듣지 않아요. 온 가족이 남편 눈치를 보면서 살얼음판을 걷듯이 살고 있어요. 아이들은 아빠랑 마주치지 않으려고 이리저리 피해 다녀요."

"아이들은 엄마한테 뭐라고 하나요?"

"이렇게 살 바에야 차라리 아빠랑 헤어지라고 해요. 아빠 없이 우리 넷이 편하게 살고 싶다고 말이에요."

"제가 남편과 자연스럽게 한번 만날 수 있을까요?"

"만나려고 하겠어요? 자신을 환자 취급하느냐고 불같이 화를 낼 거예요. 하지만 노력해볼게요. 식사 자리라도 만들면 좋겠네요."

얼마 후 나는 남편과 대화를 나누게 되었다. 남편은 자신의 마음에 담긴 것들을 하나씩 꺼내놓기 시작했다. 그는 대화를 마치면서 나에게 이렇게 말했다.

"내가 왜 그랬는지 모르겠어요. 아무에게도 말하지 못한 이야기를 하고 나니 살 것 같습니다. 지금까지 아이들을 살갑게 대한 적이 한 번도 없는 것 같아요. 그런 것들을 받아봤어야 말이죠. 앞으로 아이들과 아내에게 좋은 아빠, 좋은 남편이 되도록 노력하겠습니다. 저는 모든 일을 남 탓만 하면서 지적하고 야단쳤어요. 이런 저를 받아준 아내에게 너무 미안하네요. 아내한테 용서를 구하고 아이들에게도 사과해야겠습니다. 제가 늦은 나이에 철이 들었네요. 감사합니다."

우리나라는 국민의 절반 정도가 가족 위기를 겪고 있다고 한다. 오늘날 가족이 경험하는 갈등과 불안정은 위험 수위를 넘어 가족 해체로 이어져 사회문제로 확산되는 실정이다. 이러한 문제의 근본 원인은 무엇보다 가족 구성원 간의 소통 부재이다.

66
서로를 살리는 감사
99

감사의 편지 한 통이 나와 어머니를 살렸다

아버지가 군 복무를 하는 동안 어머니는 네 살인 나를 조부모님께 맡기고 홀로 서울로 가셨다. 초등학교 3학년 때 서울로 전학한 나는 어머니와 아버지, 동생들과 함께 살게 되었다. 처음 보는 듯한 가족들이 몹시 낯설고 어색했다. 동생들도 나와 비슷한 마음이었을 것이다. 처음 보는 사람이 형과 오빠라며 갑자기 나타났으니 말이다.

미장공이었던 아버지는 1년에 3~4개월 정도만 일하고 거의 술로 나날을 보냈다. 나는 열다섯 살 사춘기에 동생이 6명이나 되었고, 스물네 살에 아버지가 병으로 돌아가시면서 가장이 되었다. 열악한 환경 속에서 마음의 갈등을 제대로 표현하지 못한 채 어른이 되었다. 가장으로 8명이나 되는 대가족을 혼자 감당하기 버거울 때마다 아버지와 어머니를 원망했다.

결혼 후 차츰 나이가 들면서 어머니께 잘해 드리고 싶었지만 마음속으로는 늘 불편했다. 이런 내 마음을 어머니도 알고 계셨기에 서로 갈등을 하지는 않았지만 가족에 대한 불편한 감정이 예순 살이 넘도록 나를 지배했다.

그동안 나는 어머니의 마음을 살피지 않은 채 내 입장과 감정에만 충실했다. 그러던 중 배움을 통해 나를 성찰하게 되었고, 스스로에게 질문했다.

"어머니는 나에게 어떤 존재인가?"

"어머니에게 나는 어떤 아들인가?"

"동생들과 나는 어떤 관계인가?"

"이런 마음으로 계속 살아야 하는 것인가?"

"앞으로 내가 할 일은 무엇인가?"

여기에 대한 답은 화해였다. 나 자신과 화해하고, 나와 어머니의 60년 삶을 화해하는 것이다. 내가 먼저 마음을 내려놓고 어머니에게 감사한 마음을 전해야겠다는 생각이 들었다. 어머니가 나를 떼어놓을 수밖에 없었던 사연을 어찌 다 헤아릴 수 있겠는가?

어머니 앞에서 마음을 담은 감사의 편지를 읽어드리고 선물도 전했다. 그리고 어머니를 꼭 안아드리면서 "엄마, 감사해요. 그리고 죄송해요"라고 말했다. 다음 날 어머니께서 답장을 써서 건네면서 "미안하다. 고맙다"는 말씀을 하셨다. 마음을 담은 감사의 편지 한 통이 나와 어머니를 살렸다. 무엇보다 어머니가 살아 계실 때 감사의 편지를 전할 수 있어서 다행이었다.

사랑하는 엄마!

엄마! 나 큰아들. 돋보기 쓰고 엄마한테 편지 쓰는 아들이 대견하지? 결혼 후 처음으로 엄마라고 불러보네. 어머니라고 불렀던 지난 30여 년의 세월이 더 익숙해서인지 엄마라는 호칭이 왠지 낯설게 느껴지기도 하네. 나를 낳아서 먹이고 입히고 길러주신 당신을 엄마라는 호칭 대신 어머니로 부르면서 어딘가 낯설고 어색하게 살아온 나 자신을 보게 되었어. 엄마한테 반말도 하네. 기분 나쁘지 않지?

핑계 같지만 결혼하면 가장이니까 독립하기 위해서 부모에 대한 호칭부터 바꿔야 한다는 생각에 엄마를 어머니라고 부르게 되었네요. 아버지가 안 계시는 집안의 7남매 장남 역할을 한답시고 정신없이 바쁘게 살면서 놓쳤던 일들이 후회로 남아 있답니다. 많이 외롭게 해드린 것 같아 미안해요. 이제는 엄마라고 자주 부르려고 해요.

저는 마음속으로 엄마로부터 버림받았다는 생각에 오랫동안 엄마를 원망하면서 살았어요. 내가 잘한 것만 생각하게 되고, 엄마와 아버지 그리고 동생들에게 서운했던 일들이 수시로 떠올랐어요. 나만 억울하고, 피해자이며, 아무도 알아주지 않는 상처뿐인 나라고 생각했어요.

제가 대전까지 이사 온 것도 지긋지긋한 가난과 가족들로부터 도망치려고 그랬다는 것도 아시죠? 엄마는 이런 내 마음을 모두 알면서도 눈감고 허물을 덮어주서서 감사합니다. 사업 실패로 인생에 큰 고비가 닥쳐오고, 좌절과 암흑 속에서 한탄하며 방황할 때도 있었지만, 험난한 여정을 꿋꿋하게 버텨온 엄마의 씩씩한 모습을 제가 많이 닮아서 감사해요.

아버지께서 돌아가신 날 밤, 서울에서 목포까지 한걸음에 달려가 한밤중에 다니지도 않는 배를 얻어 타고 울면서 시골집 마당에 들어서던 모습이 지금도 생생하네요. 술주정뱅이 아버지는 무엇이 그리도 괴로워서 47세의 한창 나이에 세상을 떠났을까요? 아버지는 자신이 버거워하던 가난과 고통이라는 삶의 짐을 엄마와 나에게 고스란히 빚으로 남겨놓고 떠났어요. 내 두 어깨는 늘 무거운 멍에를 지고 눌려 살았다는 것을 엄마는 잘 아시지요?

엄마도 젊은 나이에 7남매를 키우며 뒷바라지하느라 얼마나 애쓰셨는지 알면서도 깊은 속마음을 헤아려드리지 못했네요. '가지 많은 나무에 바람 잘 날 없다'는 말처럼, 늘 애태우던 엄마의 모습이 떠오릅니다. 스웨터 짜기, 장갑 뜨개질, 종이꽃 만들기, 봉지 접기, 파출부, 빌딩 청소, 식당 등 온갖 일을 마다하지 않은 엄마가 장하고 감사해요.

초등학교, 중학교, 고등학교 다닐 때 하루도 거르지 않고 새벽

밥을 지어 도시락을 싸주시고, 장남인 나를 바라보며 대견해하시던 우리 엄마. 기죽지 말라고 늘 지지해주시던 일도 생생하게 기억합니다. 고등학교 졸업식 후 사진관에서 엄마랑 둘이 찍은 사진을 보고 사람들이 누나와 동생 같다며 부러워하던 젊은 날의 고운 엄마 모습, 그리고 회사에 다닐 때 날마다 와이셔츠와 바지를 정성껏 다려주시던 모습도 눈에 선합니다. 사람들에게 엄마를 자랑하고 싶은 것들이 참 많아요. 엄마는 마음도 따뜻하고, 노래, 뜨개질, 바느질도 잘하시고, 똑똑하시고, 사람들에게 힘을 주고, 말도 잘하세요. 특히 시를 잘 쓰시는 우리 엄마, 제가 엄마를 닮아 좋은 재능을 가지게 되어서 감사해요.

엄마! 더 늦기 전에 엄마라고 부를 수 있어서 얼마나 다행인지 몰라요. 엄마가 이렇게 건강하고 활기찬 모습으로 늘 옆에 계셔서 힘이 나요. 엄마의 기도와 사랑으로 지금의 제가 있다는 것을 잘 알아요. 늦은 나이에 대학 과정, 신학 과정, 석사 과정을 마치고 목사의 길을 걷는 저를 응원해주시며, 박사 과정도 잘하고 있다고 격려해주시는 어머니의 모습에 감사할 뿐입니다. 올해가 큰아들의 회갑인 거 아시죠? 저도 며느리와 아들덕에 할아버지가 되고 보니 세월이 참 빠르다는 것을 느끼네요.

엄마! 오늘 하루는 엄마의 남은 생애에서 가장 젊은 날이니, 매일의 하루를 가장 젊은 모습으로 살면서 행복한 얼굴을 오래오래 보여주세요. 엄마의 나머지 인생에 행복이 가득하고 기쁨과 평화가 넘치기를 소망합니다. 무엇보다 제가 엄마라고 부를 수 있어서 행복합니다. 그리고 말로 표현 못 할 만큼 사랑합니다. 엄마, 고마워요.

2015년 6월 6일,

큰아들 석고 올림

사랑하는 아들 석고에게!

석고야! 엄마도 오랜만에 이름을 불러보네. 네가 세상에 태어난 지도 벌써 60년이 넘었구나. 결혼해서 아이를 낳지 못한다며 구박을 받기도 했지만, 여러 가지로 너무 힘이 들었어. 그러던 차에 너를 낳게 되었고 네 아버지는 군대에 가버렸다. 네가 네 살 때 우연히 기회가 생겨서 나는 서울에 가기로 마음을 먹었다.

막상 너를 떼어놓고 떠나려 하니 가슴은 이루 말할 수 없이 아팠다. 눈앞이 캄캄해서 아무것도 보이지 않은 채로 선창에서 목포행 배를 탔다. 배에 올라 그 자리에 꼼짝도 못 하고 서 있다가 정신을 차리니 목포 항구가 보이더구나. 목포에 도착하자마자 역으로 가서 기차표를 끊고 요기를 하고 기차에 오르려니 네 생각은 더욱 간절했지만 결심을 했다. "내가 살길은 이 방법뿐이다"라는 독한 마음을 먹고 기차에 몸을 실었단다.

말을 다 하자면 너무 길고 그동안 있었던 일은 너도 잘 알고 있으니 생략하마. 너한테 늘 미안했지만 "미안하다"는 그 말이 그렇게 어려웠다. 이제야 말해서 정말 미안하다.

네가 유년 시절을 보내고 스스로 몸을 감당할 만하니까 네 아버지가 돌아가시고, 무거운 짐을 지고 마음고생, 육신 고생 이루 말할 수 없이 힘들어도 이기고 살아줘서 고맙다. 항상 엄마 마음 상할까 봐 내색 없이 지내온 네가 고맙고 미안하다.

그래도 하나님의 은혜로 몸 건강하고 '주님의 종'이 되어, 이 어미는 더 이상 바라는 것이 없고, 그저 가족의 건강과 앞으로 더욱 열심히 살기를 바라는 마음뿐이다. 내가 하고 싶은 말을 하자면 한도 끝도 없으니 이만 필을 놓겠다. 더 이상 말을 하지 않아도 잘 알지? 미안하다. 고맙다. 사랑스럽고 든든한 아들!

2015년 6월 7일,

엄마가

" 이제는 당신을 용서합니다 "

용서는 자신을 위한 투자다

오랜 기간 동안 나를 실패의 수렁으로 몰아넣은 사람들에 대한 원망과 분노를 안고 살아왔다. 원망이라는 마음의 벽은 나를 어둠으로 몰아넣으며 미움과 복수의 마음을 더욱 키웠다. 원망하고 미워할수록 과거의 아픔과 상처가 더욱 생생하게 떠올라 나를 지배했다. 이런 나의 삶은 엉망이 되어갔다.

누군가에게 무시나 모욕, 배신, 사기 등을 당하면, 분노, 화, 적대감과 같은 부정적인 감정이 솟아난다. 우리는 마음의 상처를 평생 끌어안고 누군가를 원망하며 살아갈 수도 있고, 훌훌 털어버리고 새로운 희망의 삶을 선택할 수도 있다. 과거의 아픔과 상처를 어떻게 떠나보낼 수 있을까? 원망의 삶에서 벗어나 자유롭게 살아가려면 '용서'를 해야 한다.

대부분의 사람들은 피해를 당하면 모든 책임을 가해자에게 돌린다. 용서하기 위해서는 그런 생각부터 바꿔야 한다. 용서는 자신을 위한 투자다. 용서라는 대가를 단 한 번 지불함으로써 오랫동안 쌓여 있던 마음의 고통을 말끔하게 씻을 수 있기 때문이다.

용서는 다른 사람이 아닌 나 자신을 위해 마음의 짐을 내려놓는 것이다. 용서는 과거의 고통에서 벗어나게 한다. 용서하지 않는다고 해서 가해자에게 복수를 하는 것은 아니다. 용서는 피해자가 가해자에게 베푸는 선물이다. 가해자에게 베푼 그 선물이 피해자인 자신에게 최고의 선물로 되돌아오는 것이 용서이다. 그 선물은 자유로움과 기쁨이다.

오랫동안 나를 짓누르고 있던 분노를 내려놓기가 여간 어려운 일이 아니었다. 긍정심리와 코칭을 배우면서 이를 실행해야겠다는 강력한 마음을 먹었다. 10여 년이 지나서야 마음에 응어리진 분노를 다시 꺼내 사건과 마주했다. 도저히 용서할 수 없을 것 같던 사람에게 용서의 편지를 쓰고 모든 것을 잊기로 마음먹었다. 그 사건이 문득문득 생각날 때마다 용서의 편지를 꺼내 다시 읽으며 마음을 가라앉혔다. 다음은 몇 해 전에 내가 쓴 용서의 편지 내용이다.

나도 누군가로부터 용서받은 빚쟁이입니다

내가 당신에게 이 편지를 쓰는 것은 당신에게 상처받은 마음을 지우고 남은 인생을 부정적인 사고에서 벗어나기 위해서입니다. 내가 당신에게 상처를 입은 것은 금전적인 손해뿐 아니라 육체적 고통과 내 인생에 지워지지 않을 지난 15년의 고통입니다. 당신은 조그마한 건설회사의 관리자였습니다.

나는 당시 지역 농협의 컨설팅에 참여하여 단독으로 개발 사업권을 확보하고 건축과 분양을 시행했습니다. 당신이 속해 있던 회사는 시공 자격을 갖추지 못했음에도 다른 회사의 서류를 빌려왔습니다. 당신의 회사 대표가 다른 건설회사의 지명원을 입찰 마감일에야 들고 나타나는 바람에 나는 꼼짝없이 그대로 진행할 수밖에 없었습니다.

무언가 이상하다고 생각했지만 소개했던 사람과의 관계를 생각해 없었던 일로 정리하지 못하고 건축 시공을 약정했지요. 이러한 결정이 저의 큰 실수였다는 사실을 압니다. 더구나 처음 보는 당신 회사 대표와 좋은 마음으로 분양 완료 후에 이익금의 일부를 분배해주겠다고 별도의 약정까지 해주었지요. 당신이 속한 회사는 자금력과 건축 시공 능력을 갖추지 못한 신생 회사였습니다.

건축 공사에 필요한 모든 자금은 당신의 회사에서 책임지고 시공하겠다고 약정하였으나 약속은 이행되지 않았으며, 나는 자금 동원과 분양에 애를 먹으며 혹독한 시간을 보내야 했습니다. 오히려 당신의 회사는 시공사를 빌려온 것도 모자라 다른 건축업자에게 평당 30만 원의 차액을 남기고 시공권을 통째로 넘겼지요.

당신들은 준공이 되고 모든 정산이 완료될 무렵부터 추가 공사비와 이익금의 재분배를 요구하기 시작했습니다. 어떠한 추가 공사비도 청구하지 않는다는 조건으로 이익금의 일부를 주기로 약정한 내용을 철저히 무시했습니다. 어느 날 당신이 나를 찾아와 5억 원만 추가로 지급해주면 없던 일로 하겠다고 압박했지요. 이것은 큰 사건이라고 하면서요.

사업 과정에서 어떤 도움도 주지 않았던 당신 회사 대표는 마무리되는 시점에 당신을 앞세우고 나타나 계획적으로 나를 옭아매었지요. 나에게 숨겨놓은 돈이 있을 거라고 수군거리며, 욕심이 지나친 사람이라는 말도 했습니다. 당신이 나를 경제사범으로 모는 바람에 긴 시간 동안 경찰과 검찰 조사, 재판 과정을 거쳐야 했으며 얼마 동안 몸도 자유롭지 못했습니다.

이후로 나는 치밀어 오르는 분노와 울화병으로 두 번의 흉부 수술을 받았습니다. 개인적인 명예는 물론 모든 재산과 건강까지 잃었다는 것을 당신은 알고 있지요? 15년이라는 인생의 황금기를 잃어버린 나를 돌이켜보면서 울분을 참을 수가 없었습니다. 이렇듯 나의 삶은 완전히 엉망이 되었습니다.

그러나 나 자신도 그동안 살아오면서 다른 사람들의 마음을 아프게 한 경우가 여러 차례 있었다는 것을 깨달았습니다. 사업에 실패한 나는 지인들에게 빌린 수억 원이나 되는 큰돈을 갚지 못했습니다. 그때 따뜻하게 손을 내밀어준 몇 분이 있습니다. "돈보다 사람이 우선입니다. 힘내서 열심히 사시면 됩니다"라는 말로 위로하면서 탕감해주었습니다. 나도 누군가로부터 용서받은 빚쟁이입니다.

그렇기 때문에 이제 당신을 용서하려고 합니다. 당신은 회사를 대신하여 직원의 입장으로 조금이라도 더 이익을 보려 했다는 것을 이해합니다. 당신 회사 사장과의 약정 내용을 깊이 알지 못하고 대표가 말하는 대로만 생각하고 따른 당신은 충실한 직원이었습니다. 또한 당신은 업무에 민첩하고 유능한 사람이었습니다.

나도 자신을 돌아봅니다. 당신과 당신 회사에 대해 사전에 조금만 더 깊게 생각했다면 하는 아쉬움도 있습니다. 당신은 물론 이와 관련된 모든 사람을 용서합니다. 이제 당신을 용서하고 지난 15년의 무거운 마음의 짐을 내려놓고자 합니다.

나는 이제 당신을 용서합니다. 이 글을 받아볼 수 있을지 모르지만 당신의 마음에도 멍에가 씌워져 있을 것입니다. 앞으로 복되고 건강한 삶을 살기를 소망하며, 우연히 마주치더라도 이제는 웃을 수 있을 것 같습니다. 아울러 그 사업과 관련된 모든 사람들을 용서합니다.

2015년 6월 15일,

홍석고

용서에 이르는 길

다음은 한국긍정심리연구소 우문식 박사가 『행복은 만드는 것이다』에서 소개한 '용서에 이르는 길' 5단계를 정리한 것이다. 나도 이 방식을 통해 오랫동안 품고 있던 분노와 원망을 씻어낼 수 있었다. 이후로 나는 마음의 안정을 찾아 박사 과정과 상담, 코칭에 더욱 집중할 수 있었으며, 마침내 소기의 목표를 달성했다.

"어머니가 살해됐어요. 카펫도 벽도 온통 피범벅이었어요."

1996년 새해 아침, '용서란 무엇인가?'에 대해 글을 써온 심리학자 에버렛 워딩턴(Everett Worthington) 박사는 동생 마이크로부터 이런 전화를 받고 얼굴이 새파랗게 질렸다. 허둥지둥 녹스빌 본가에 도착한 박사는 자신의 노모가 쇠막대기와 야구방망이에 맞아 돌아가셨다는 것을 알았다.

그가 그토록 용서라는 화두에 매달렸던 것은 근원을 알 수 없는 어떤 영감 때문이었을까? 이 용서의 대가(大家)가 갈고닦아 정립한 '용서에 이르는 길'은 마치 숭고한 도덕 교육의 본향에서 캐낸 토산물과 같다. 용서하고 싶은 마음은 굴뚝같은데 뜻대로 되지 않는다면 이 방법이 도움이 될 것이다. 워딩턴 박사는 비록 쉽지 않지만 단숨에 용서할 수 있는 방법을 5단계로 나누어 설명하는데, 그는 이것을 리치(REACH)라고 부른다.

1단계 R(recall) : 받은 상처를 돌이켜 생각하자

상처를 치유하고 용서하려면 먼저 자신이 받은 상처를 현실로 불러내야 한다. 아프고 쓰리겠지만 가능한 객관적인 자세를 취해야 한다. 자신에게 상처를 준 사람을 나쁜 사람이라거나 악한으로 생각해서도, 자기 연민에 휩싸여서도 안 된다. 천천히 마음을 가라앉히고 그때의 사건을 되짚어보자.

2단계 E(empathize) : 감정을 이입하자

자신에게 상처를 준 그 사람은 도대체 왜 그랬을까? 그 이유가 무엇인지 상대방의 입장에서 헤아려보자. 상대방에게도 이유가 있을 것이다. 쉽지는 않겠지만 해명할 기회를 주었을 때 상대가 어떤 이야기를 할지 생각해보자.

3단계 A(altruistic gift) : 용서는 이타적 선물임을 기억하자

다른 누군가에게 용서받은 경험이 있는지 떠올려보자. 용서받았을 때 어떤 기분이 들었는가? 용서받지 못했다면 평생 괴로워했을 것이다. 용서는 자신이 그 사람한테 받은 일종의 선물이다. 그런 마음으로 자신에게 상처와 모욕을 준 그 사람을 용서하자.

4단계 C(commitment) : 용서했음을 공개적으로 밝히자

자신이 용서했다는 사실을 다른 사람에게 알리자. 상대에게 용서한다는 내용의 편지를 쓰거나 일기, 시, 외침으로 표현할 수 있다. 자신이 용서한 내용을 친구에게 털어놓아도 된다. 이렇게 하면 자신의 마음을 지키는 데 도움이 될 것이다.

5단계 H(hold) : 용서하는 마음을 굳게 지키자

용서를 했다가도 그 사건에 대한 기억이 어느 순간 불쑥 되살아나곤 한다. 그래서 용서하기가 어려운 것이다. 용서란 원한을 말끔히 지워 없애는 것이 아니라 기억 끝에 달려 있는 꼬리말을 긍정적으로 바꾸는 것이다. 자신이 쓴 용서의 편지를 읽으면서 "나는 용서했다"고 되뇌이면 극복하기가 한결 쉬울 것이다.

" 자신에게 상을 줘라 "

다른 사람이 채워줄 수 없는 최고의 보상

나는 다른 사람들에게 인정받고자 하는 마음이 강했다. 하지만 그럴수록 마음은 더욱 불안했다. 더욱이 사업 실패 후 패배의식에 사로잡혀 있던 나는 무력감으로 삶의 주체가 되지 못했다. 지난날을 되돌아보면 감동적이거나 뿌듯했던 일보다 아쉽고 후회스런 일들이 먼저 떠올랐다. 그 누구보다 열심히 살았는데 갈 길은 멀게만 느껴지고, 삶에 지친 나 자신의 모습은 씁쓸하기만 했다.

누구나 아쉽고 후회스러운 일이 있게 마련이지만, 지나친 후회는 의지만 꺾어놓을 뿐 삶에 아무런 도움이 되지 않는다. 나는 기독교 상담을 전공하면서 코칭과 긍정심리를 배우기 시작했다. 이를 통해 '내 삶의 의미를 나보다 더 잘 아는 사람은 없다'는 것을 깨달았다. 그리고 소중한 존재인 나 자신을 존중하기로 마음먹었다. 자신에 대한 칭찬과 격려는 다른 사람이 채워줄 수 없는 최고의 보상이다.

이제는 지난날의 시행착오나 실패를 후회하기보다 나 자신을 다독이며 위로한다. 사소한 일이라도 마음먹은 무언가를 했을 때, 나는 칭찬과 함께 마음의 보상을 한다. 다른 사람들에게 인정받으려 하는 것이 아니라 나 스스로를 인정한다. 나는 지나온 삶에 대한 보상으로 첫 상장을 만들어 큰 소리로 읽고 스스로에게 수여했다.

빛나는 성취상

성명 : 홍석고

귀하는 열악한 환경과 사업 실패의 역경을 딛고,
성장과 발전을 위해 배움의 경주를 멈추지 않았으며,
혼신의 노력으로 박사 학위와 각종 자격을 취득했으므로
빛나는 이 상장을 수여합니다.

2019년 2월 15일
소통코칭연구소 소장 철학박사 홍석고

자신의 보상이 자신을 성장시킨다

다른 사람이나 외부에서 받은 상은 업적과 결과물에 대한 평가로 주어진다. 그러나 외부의 평가가 공정하지 않다고 생각하는 사람들은 동기와 의욕을 상실할 수 있다. 특히 공동으로 참여한 사람들에게 차별된 평가를 하는 경우 이러한 현상이 나타나게 마련이다. 사람들의 업적을 평가하고 동기부여를 하기 위해 주어지는 보상이 오히려 역효과를 나타낼 수 있다.

외부로부터 받는 보상보다 스스로 자신에게 주는 것이 진정한 보상이다. 사람은 저마다 독특한 개성과 장점을 지닌 특별한 존재들이다. 우리의 특별함은 일상의 사소한 것에서부터 나타나기 때문에 여기에 걸맞은 보상은 오로지 자신만이 할 수 있다. 우리는 일상에서 자신에 대한 보상이나 선물을 얼마든지 할 수 있다.

나는 사소한 것이라도 나만의 방식으로 칭찬하고 보상한다. 글을 쓰다가 맘에 들면 '나는 글을 참 잘 써'라고 칭찬한다. 가끔 영화도 보고, 드라이브를 즐기기도 하며, 국밥을 한 그릇 사 먹는 것으로 스스로에게 보상한다. 때로는 내 머리를 쓰다듬거나 가슴을 토닥인다.

그러면 움츠려 있던 자존감이 회복되고, 아픔, 상처, 원망, 분노가 사라진다. 그래서 나는 감사하고 행복하다. 이렇듯 스스로 인정하고 격려함으로써 자신을 성장시킨다. 자기계발서 작가 탄줘잉은 『살아 있는 동안 꼭 해야 할 49가지』에서 자신에게 스스로 보상하는 사례를 소개하고 있다.

그녀는 어렸을 때 어머니를 도와 집안일을 자주 했다. 상을 받기 위해서였다. 그녀가 집안일을 도울 때마다 어머니가 상으로 사탕을 주곤 했다. 학생 시절에는 좋은 성적을 받아 아버지한테 상을 받곤 했다. 하지만 이젠 다르다. "이만큼 자랐는데 더 이상 부모님의 선물을 받을 수는 없잖아요. 이제는 저에게 선물을 줘요. 왜냐고요? 선물이야말로 제 자신을 격려하는 가장 유용한 수단이거든요." 그런데 그녀가 몸담고 있던 회사가 부도가 났다. 실업자 신세가 된 그녀는 몇 달 동안 집 안에 틀어박혀 지냈다. 새 직장을 찾아보고 싶은 마음은 굴뚝같았지만 자신이 없었다. '면접에서 망신을 당할지도 몰라.' 이런 생각을 하면서 그녀는 집 안에서 소일거리를 했다. 결국 부모님이 그녀를 먹여 살려야 했다. 그러던 어느 날 그녀는 백화점에 갔다가 멋진 정장을 발견했다. "정말 멋진 옷이구나. 하지만 직장 여성들에게나 어울릴 옷이야. 그러니까 내가 저 옷을 입으려면 취직을 해야 해. 그래! 면접을 잘 보자. 그러고 나서 나에게 선물을 주는 거야." 일주일 후 그녀는 두 군데 회사에 이력서를 내고 면접을 봤다. 면접을 잘 치른 것 같았다. 그녀는 자신에게 한 약속을 지키기 위해 비상금을 꺼내 백화점으로 향했다. 사흘 뒤 두 회사에서 거의 동시에 연락이 왔다. 모두 그녀를 채용하겠다는 것이었다.

아주 작은 일이라도 마음먹은 일을 해냈을 때는 자신을 칭찬해야 한다. 스스로를 격려하는 사람은 내면의 행복을 찾을 줄 안다. 성공은 작은 차이에서 비롯된다. 사소한 것에 고마움을 느끼는 순간 새로운 삶이 시작된다. 일상에서 사소한 것이라도 고마움을 찾아보자. 그리고 뒤돌아보면 인생이 얼마나 바뀌었는지 발견하게 될 것이다.

" 소통력이 자존감을 높여준다 "

선생님이 키워주신 자존감

60대 중반이 되어서야 수소문해서 찾아낸 선생님께 전화를 드렸다. 제자의 목소리를 단번에 알아차리신 선생님의 한마디에 나는 눈물이 핑 돌았다.

"선생님, 안녕하셨어요?"

"석고야! 이게 얼마 만이냐? 그동안 어떻게 지냈어?"

"선생님, 제 목소리 아직도 기억하세요?"

"그럼, 내가 너를 어떻게 잊어!"

"저도 선생님을 한시도 잊은 적이 없어요."

"나도 너를 항상 생각하고 기도했단다!"

중학교에 다니는 동안 제 날짜에 등록금을 납부한 적이 거의 없었다. 매번 친구들이 보는 앞에서 언제까지 등록금을 납부할 것인지를 약속하는 확인서를 제출해야 했다. 그때마다 나는 주눅이 들었고, 자신감은 점점 떨어졌다. 생물을 가르치시던 담임선생님은 그런 나를 감싸주시며, 보충수업비도 받지 않으셨다.

어느 날 선생님께서 봉천동 산꼭대기에 있던 우리 집으로 가정방문을 오셨다. 초라한 환경을 보시고 선생님은 말없이 내 손을 꼭 잡아주셨다. 가정방문 후 선생님은 나에게 미화부장을 맡기면서 참고서와 함께 학급 열쇠를 건네주셨다. 방과 후 교실에 남아서 공부할 수 있도록 배려해주신 선생님 덕분에 실업계 명문 학교인 덕수상업고등학교에 진학할 수 있었다.

지금도 선생님께서 하신 말씀이 생각난다.

"석고야, 가난은 네 탓이 아니다! 고등학교 졸업하면 취직해서 야간대학을 꼭 가거라!"

선생님의 관심과 사랑이 내 마음에 파동을 일으켰다. 그리고 나는 자존감을 찾게 되었다.

부모의 자존감이 자녀에게 영향을 준다

상담을 하다 보면 사람들이 자존감(self-esteem)에 대한 이야기를 자주 한다.

"자존감이 땅에 떨어졌어요."

"요즘 자존감이 엉망이에요."

"나한테 자존감은 사치예요."

주로 부정적인 이야기들이 많다.

자존감(自尊感)은 자존심(自尊心)과 혼동되어 사용되곤 한다. 자존감과 자존심은 자신에 대해 긍정적으로 생각하는 것이라는 공통점이 있다. 하지만 자존감은 '있는 그대로에 대한 긍정'이고, 자존심은 '경쟁 속에서의 긍정'을 뜻한다.

자존감은 자신을 사랑하고 존중하는 마음이다. 자존감이 있는 사람은 주도적으로 합리적인 의사 결정을 하고, 부정적인 경험을 하더라도 쉽게 극복한다. 자존감은 대인관계, 리더십, 학업 성적, 위기 극복 능력 등 삶의 많은 영역에 좋은 영향을 미친다.

자존감이 높을수록 대인관계가 좋다는 사실이 여러 연구에서 밝혀졌다. 영국의 천문학자 존 허셜(John F. W. Herschel)은 "자존감이야말로 모든 미덕의 초석이다"라고 말했다.

건강한 자존감을 가진 사람은 자신의 삶을 스스로 성취할 수 있으며, 역경을 이겨낼 수 있다고 믿는다. 자신을 가치 있는 존재로 여기기 때문에 자기 확신도 뚜렷하다. 자존감이 있다는 것은 자신을 공정하게 바라볼 수 있다는 뜻이다.

건강한 자존감은 자신을 좋게 평가하면서 부족한 부분도 받아들이는 것이다. 자존감이 굳건한 사람은 쉽게 변하지 않지만, 불안정한 사람은 상황에 따라 자존감이 쉽게 떨어질 수 있다.

경험이 자존감에 미치는 영향은 실로 크다. 삶에서 일어나는 긍정적 경험과 부정적 경험에 따라 자존감은 변한다. 사람들과 원활하게 소통하고 긍정적인 피드백을 받는다면 건강한 자존감이 형성된다. 반면 부정적 피드백, 비난, 조롱 등을 받으면 자존감이 결핍될 가능성이 높다.

자녀는 부모의 가치관이나 인간관계의 영향을 받으면서 자란다. 부부 사이가 좋으면 자녀의 자존감도 높아진다. 그렇기 때문에 어린 시절에 형성된 자존감은 성인까지 이어진다.

60년 만에 이루어진 어머니와의 소통

몇 해 전 나는 어머니와 둘만의 시간을 가지면서 작은 선물과 함께 감사의 편지를 읽어드렸다. 60년 동안 내 속에 담겨 있던 아픔을 보듬고 감사하는 마음을 담담하게 전했다.

편지를 읽는 동안 소리 없이 우시던 어머니께서 그동안 마음에 묻어놓고 하지 못한 이야기를 쏟아내셨다.

서로 상대의 마음을 헤아리며 진심을 털어놓으니 어머니의 모습이 편안해 보였고, 나도 마음이 한결 가벼웠다. 60년의 시간을 뛰어넘은 소통이 이루어진 것이다. 그동안 나는 어머니의 이야기를 귀담아듣지 않았다. 내 마음이 열리지 않은 까닭에 모두 어머니의 핑계일 뿐이며 자기 합리화라고 외면했다.

이후 어머니는 눈에 띄게 달라졌다. 이제 내 얼굴을 마주 보신다. 목소리에도 힘이 생기고 활기찬 모습이다. 어머니와 나는 이전보다 훨씬 친밀하게 지낸다. 소통의 물꼬가 트이니 60년 동안 막혀 있던 마음의 담이 허물어졌다. 이렇듯 가족과의 상호작용은 자존 감에 큰 영향을 미친다.

소통은 관계를 회복하고 자존감을 세워준다. 선생님이 나의 자 존감을 세워주신 것처럼, 나는 어머니의 자존감을 높여드렸다. 선 생님이 나에게 사용한 소통의 도구는 관심과 배려였고, 내가 어머 니께 활용한 소통의 도구는 감사였다. 소통은 마음에서부터 시작 되는 것이다. 이러한 소통은 가까운 사람들의 자존감 형성에 큰 영 향을 미친다. 이것이 소통의 힘이다.

" 부부의 사랑을 소통시켜라 "

사랑의 언어로 소통하라

마음으로 맺은 관계는 평생을 함께할 수 있으나, 언어적 유희나 기술로 맺은 관계는 일시적이다. 사랑하는 마음이 있다 하더라도 서로 소통 방식이 달라 제대로 전달하지 못하면 오해와 상처가 쌓여 결별에 이르기도 한다. 서로 사랑하지 않는 것이 아니라 사랑이 소통되지 못하기 때문이다. 사랑은 소통시켜야 한다.

사랑은 '어떤 사람이나 존재를 몹시 아끼고 귀중히 여기는 마음'이다. 그러나 사랑을 표현하는 방식이나 받아들이는 감정은 사람마다 다르다. 긍정적인 감정과 부정적인 감정은 옳고 그름을 의미하는 것이 아니다. 단지 일상에서 일어나는 사건들에 대한 심리적인 반응일 뿐이며, 자신의 생각이나 감정을 바탕으로 의사 결정을 한다. 이러한 의사 결정이나 표현 방식은 그 사람이 지닌 성격에 따라 달라진다.

"이 정도 선물이면 되겠지?"

"이렇게 하면 내 마음을 이해할 수 있을 거야!"

"이런 사소한 것까지 일일이 얘기해야 하나?"

이러한 생각은 배우자를 아무리 사랑한다 하더라도 갈등을 유발할 수 있다. 사랑하는 마음을 자기 방식대로 전달하면 상대가 느끼지 못한다. 사랑을 표현할 때는 내가 좋아서 하는 것이 아니라 상대가 원하지 않는 것을 하지 않아야 한다. 먼저 배우자의 관점에서 생각하고 이해하며, 상대방의 의사를 확인해야 한다.

특히 부부는 상대가 원하는 방식으로 의사소통을 할 수 있어야 한다. 의사 결정의 순간에 자신의 언어와 행동을 선택할 수 있는 것이 소통 능력이다. 좋은 부부 관계를 유지하는 데 가장 중요한 것은 사랑의 언어로 소통하는 것이다. 부부는 모든 것을 상대에게 말할 필요는 없지만, 모든 것을 서로 말할 수 있어야 한다. 부부의 소통력이 행복을 만든다.

5가지 사랑의 언어를 활용하라

결혼 상담 전문가 게리 채프먼(Gary Chapman) 박사는 『5가지 사랑의 언어』에서 '인정하는 말', '함께하는 시간', '선물', '봉사', '스킨십' 등을 제시했다. 5가지 사랑의 언어를 구체적으로 설명하면 다음과 같다.

인정하는 말하기

인간의 가장 큰 욕구는 타인에게 인정받는 것이다. 칭찬은 배우자를 인정한다는 것을 표현하는 방법이다. 칭찬하는 말이나 감사의 표현은 사랑을 전달하는 강력한 도구이다.

격려는 용기를 불러일으킨다. 용기가 없으면 자기가 하고 싶은 일을 성취하기 힘들다. 특히 배우자가 가장 불안해하는 것에 대해 격려를 해주어야 한다. 어떤 말이 자신의 인생에 긍정 또는 부정적인 영향을 미쳤는지 이야기를 나눠야 한다. 그래야 서로에게 더 좋은 말을 해줄 수 있다.

함께하는 시간

상대에게 온전히 관심을 집중하는 것을 의미한다. 두 사람이 한 공간에 같이 있다고 해서 반드시 서로에게 집중하는 것이 아니다. 서로의 감정을 공유하면서 시간을 보내는 것이 진정으로 상대에게 집중하는 것이다. 함께 있고, 함께 무언가를 하면서 서로의 감정에 집중해야 한다.

이야기를 나눌 때는 상대의 시선을 바라보고, 상대의 말을 들을 때 다른 일을 하지 않는다. 상대방의 이야기를 가로막지 않고, 상대의 감정에 주의를 기울이며, 보디랭귀지(body language)를 주의 깊게 살핀다. 특히 결혼 생활에서 '함께하는 시간'을 가로막는 요인이 무엇인지를 살피고 해결하도록 노력해야 한다.

선물하기

사랑과 결혼에서는 선물을 잘하는 것도 중요하다. 사실 선물하는 것이 가장 배우기 쉬운 사랑의 언어 중 하나다. 손에 쥘 수 있는 선물보다 더 큰 기쁨을 줄 수 있는 선물도 있다. 상대가 당신을 필요로 할 때 함께 있는 것이다. 돈이 없을 때도 서로에게 어떤 기쁨을 줄 수 있는지를 생각해야 한다. 선물은 배우자의 사랑 탱크를 채워주는 투자와 같다.

봉사하기

사랑은 요구하는 것이 아니다. 상대에게 부탁할 수 있지만 명령해서는 안 된다. 부탁은 사랑을 안내해주지만 명령은 사랑의 흐름을 막아버린다. 사랑은 부부가 서로에게 봉사하는 것이다. 봉사란 배우자가 원하는 것을 해주고 도와줌으로써 기쁘게 해주는 것이다. 상대가 원하는 것을 스스로 찾아서 해주는 것은 놀라운 사랑의 표현이다. 사랑은 결코 강요하는 것이 아니다. 비판과 명령은 서로를 더 멀어지게 할 뿐이다. 비판은 사랑을 간청하는 것이다. 똑같은 사랑의 언어를 가진 사람이 부부로 만난다는 것은 쉽지 않은 일이다. 서로 다른 사랑의 언어를 가진 상대를 비판할 때는 명확한 설명이 필요하다.

스킨십

스킨십은 사랑을 전달하는 강력한 도구다. 스킨십은 관계를 형성하기도 하고 파괴하기도 하며, 사랑하거나 미워하게 만든다. 사람은 육체를 벗어나 살 수 없다. 나의 몸을 만지는 것은 바로 나를 만지는 것이다. 내 몸에서 멀어진다는 것은 감정적으로도 멀어진다는 뜻이다.

사람은 위기의 순간에 본능적으로 서로 껴안는다. 신체 접촉으로 아주 강력하게 사랑을 전달하는 것이다. 다른 어떤 때보다 위기의 순간에 스킨십이 필요하다. 위기가 닥치는 것을 막지는 못하더라도 서로 사랑한다면 헤쳐 나갈 수 있다. 결혼 생활을 하다 위기를 맞았을 때는 배우자를 많이 껴안아주어 사랑을 표현하자.

게리 채프먼은 "연애 감정은 일시적이기 때문에 사랑을 지속하기 위해서는 의지적 노력이 필요하며, 사람은 저마다 고유한 사랑의 언어가 있다"고 말한다. 아내에게 제1의 '사랑의 언어'가 '선물'인 반면, 남편은 '인정하는 말'이 제1의 사랑의 언어가 될 수 있다. 사람마다 선호하는 사랑의 언어가 다르기 때문에 부부가 소통을 잘하려면 상대에게 필요한 사랑의 언어를 구사할 수 있어야 한다. 무작정 서로에게 잘해 주는 것보다 상대에게 알맞은 사랑의 언어를 사용한다면 행복한 결혼 생활을 할 수 있다.

서로 다른 유형별
대화법으로 소통하라

각 스타일에 알맞은 맞춤형 대화법이 있다

모든 사람은 각자의 행동 유형에 따라 소통 방식도 각기 다르다. 원활한 의사소통을 위해서는 상대의 유형과 욕구에 알맞은 방식을 알아야 한다. 의사를 표현하는 방식은 물론 내용을 받아들이는 인식 정도가 다르기 때문이다. 그러나 우리의 의사소통 방식은 보통 상대방보다 자신에게 초점이 맞춰져 있다. 상대에게 자신의 의견을 강조하거나 이해시키려는 경향이 있는 것이다. 이러한 '자기중심적 대화 방식'으로는 원만한 대인관계를 이룰 수 없다.

현대사회는 수평적인 상호작용 능력을 갖춘 리더를 필요로 하므로 '상대 중심적 대화' 능력을 갖춰야 한다. 서로 다른 행동 유형을 가진 상대방을 어떻게 대할 것인지, 어떻게 설득할 것인지, 어떻게 동기부여를 할 것인지, 어떻게 반대 의사를 표현할 것인지를 배우고 실행할 수 있어야 한다. 이를 위해 무엇보다 중요한 것은 상대방의 언어와 행동을 인식할 수 있는 통찰력을 키우는 것이다.

다음은 미국의 심리학자 윌리엄 몰튼 마스톤(William Moulton Maston)의 인간 행동 유형을 기반으로 분류한 4가지 DISC 행동 유형, 즉 주도형(D), 사교형(I), 안정형(S), 신중형(C)에 따라 대화하는 방법이다.

어떻게 대할 것인가?

주도형을 대할 때는 솔직해야 하고, 세부 사항보다는 바로 본론으로 들어가는 것이 좋다. 사교형은 열정적으로 대하며, 상대방이 자신을 필요로 한다는 느낌을 갖도록 하는 것이 중요하다. 안정형은 친절하게 대하되 목표를 강조하지 않아야 하며, 신중형은 철저한 준비를 통해 분명한 사실과 객관적 아이디어를 제시해야 한다.

어떻게 설득할 것인가?

주도형은 결과와 핵심에 초점을 맞추고, 사교형은 공감과 열정을 표하며, 안정형은 친절하게 대하며 시간을 같이 보내는 것이 좋다. 신중형은 즉시 일처리를 하는 것이 좋다.

어떻게 동기부여를 할 것인가?

주도형은 무엇을 할 것인지를 제시하고 어떻게 할 것인지는 재량에 맡긴다. 사교형은 사람들 앞에서 인정해주고, 안정형은 함께 일하는 것이 중요하며, 신중형에게는 최선의 방법을 제시한다.

| 행동 유형에 따른 4가지 대화법 |

구분	주도형(D)	사교형(I)	안정형(S)	신중형(C)
어떻게 대할 것인가?	솔직하라. 유익한 결과를 먼저 알리고 세부 사항은 필요하다면 알려라. 바로 본론으로 들어가라. 도전하라.	열정적으로 대하라. 적극적이고 친절하게 대하라. 칭찬하고 인정해줘라. 상대방을 필요로 한다는 느낌을 갖도록 하라.	친절하라. 느긋하게 인내하라. 강요하지 말라. 원할 때 반응하라. 목표를 강조하지 말라.	철저하라. 분명한 사실과 객관적 아이디어를 제시하라. 서두르지 말라. 구체적이고 철저하게 하라.
어떻게 설득할 것인가?	무엇을? 결과와 핵심에 초점을 맞춰라. 어떤 유익한 점이 있는가 하는 질문에 적절히 답하라.	누가? 공감과 열정을 표하라. 유명한 사람들의 이야기를 하라. 누가 이런 일을 했는가 하는 질문에 적절히 답하라.	어떻게? 시간을 같이 보내라. 차근차근 설명하라. 어떻게 해야 하는가 하는 질문에 적절히 답하라.	왜? 즉시 일처리를 하라. 왜 변화를 원하는지에 대한 질문에 적절히 답하라.
어떻게 동기를 부여 할 것인가?	목표/양 무엇을 해야 할지 제시하고, 어떻게 하는지는 재량에 맡겨라. 통제권을 주고 책임을 맡겨라.	사람/인정 아이디어, 프로젝트, 사람 등에 관한 조언과 상담을 해줘라. 사람들 앞에서 인정해줘라. 재미있는 일을 하도록 만들어라.	사람/관계 함께 일하는 것이 중요하다. 평소에도 관계를 유지하라. 갈등을 최소화하고 평화로운 분위기를 조성하라.	목표/질 최선의 방법을 제시하는 것이 중요하다. 일을 정확하게 처리할 수 있도록 충분한 시간을 줘라.
어떻게 반대 의사를 표현할 것인가?	목표와 분석에 동의하라. 왜 그렇게 하는 것이 최선인가, 혹은 목표를 달성하기 위해 다른 방법이 있는지 질문하라.	비전과 시간에 동의하라. 시간을 줘라. 매우 많은 일들에 흥분해서 또 다른 일에 열중하게 된다.	관계에 초점을 맞춰라. 의견 차이가 있다고 해서 관계가 훼손되지 않을 것이라는 확신을 심어줘라.	사실에 초점을 맞춰라. 사실을 수집하라. 감정적인 호소나 사교적인 언변만으로는 부족하다.

어떻게 반대 의사를 표현할 것인가?

주도형에게는 먼저 목표와 분석에 동의하고 나서 목표를 달성하기 위한 다른 대안을 질문한다. 사교형은 비전과 시간에 동의하고 적절한 시간을 준다. 안정형은 의견 차이가 있더라도 관계가 훼손되지 않을 것이라는 확신을 주어야 한다. 신중형은 사실에 초점을 맞추고, 감정적인 호소나 사교적인 언변보다는 근거 자료를 제시하는 것이 좋다.

자녀의 장점을 한마디로 표현하기

다음은 행동 유형별로 자녀의 장점을 격려해줄 수 있는 말들이다. 자녀의 장점을 격려할 수 있다면 잠재력과 인성을 계발하는 것은 물론 부모의 소통 능력을 향상하는 데도 도움이 된다. 행동 유형별로 다른 사람들의 장점에 대해 격려할 수 있도록 꾸준히 연습해야 한다.

주도형(D) 자녀

"너는 자신의 일에 대한 열정이 대단해."

"너는 참 효율적인 사람이야."

"너는 책임감과 결단력이 대단해."

"너는 자신감이 있고 독립적이고 능력이 있어."

"너는 모험심이 있고, 새로운 상황을 두려워하지 않아."

"너는 생각하는 것을 정확하게 말해."

"너는 사람들에게 솔직해."

사교형(I) 자녀

"너는 다른 사람들과 친하게 지내려는 사람이야."

"너는 열정적이고 명랑해."

"너는 아이디어가 번뜩여."

"너는 상상력이 아주 풍부해."

"너는 다른 사람들에게 사랑받을 줄 알아."

"너와 함께 있으면 즐거워."

"너는 정말 설득력이 있어."

"너는 다른 사람들에게 동기부여를 하는 능력이 있어."

안정형(S) 자녀

"너는 믿음직스럽고 신뢰감이 있어."

"너는 사람들을 참 편하게 대해."

"너는 이해심이 참 많아."

"너는 다른 사람들의 이야기를 잘 들어줘."

"너는 다른 사람들과 오래도록 관계를 맺어"

"너는 사람들과 갈등이 생기는 것을 원하지 않아."

"너는 동정심이 많고 다정해."

"너는 조용히 영향력을 미치는 사람이야."

신중형(C) 자녀

"너는 일에 대한 기대치가 높아."

"너는 일을 아주 체계적으로 해."

"너는 논리적으로 일하고 싶어 해."

"너는 먼저 생각하고 나중에 결정하는 신중한 사람이야."

"너는 평가하는 데 탁월한 능력이 있어."

"너는 일을 정확하게 해."

"너는 혼자 조용히 시간 보내기를 좋아해."

3장

인생의 전환기를
앞둔 나와 대화하기

" 나락에서 다시 정상으로 "

내 인생은 잠자리였다

시골에 계시던 장모님을 찾아뵈었을 때였다.

"어머님, 안녕히 지내셨어요? 오랜만에 찾아뵈어 죄송합니다."

"아니야. 이렇게 모두 건강한 모습을 보니 반갑구먼."

"어머니, 저희들 대전으로 이사 가려고 합니다."

"어쩐 일로 대전까지 이사 가려고?"

"대전에 가서 식당을 해볼까 합니다."

"홍 서방, 자네는 꼭 잠자리 같구먼, 잠자리!"

장모님의 한마디에 가슴에서 '쿵' 소리가 났다.

"매달 꼬박꼬박 월급 받는 게 제일인데!"

평소에는 말이 없는 분이어서 마음이 더욱 무거웠다. 가만히 생각해보니 장모님의 말씀이 맞았다. 내 인생은 잠자리 같았다.

고등학교를 졸업하고 직장 생활을 하는 20년 동안 여덟 번 이직을 했고 부동산 중개업을 하면서 이전과 휴업, 폐업을 반복했다. 세 차례의 식당 운영과 부업을 겸하기도 했으며, 결혼 후 37년 동안 이사는 또 얼마나 많이 했는지 모른다.

나는 왜 이렇게 떠돌아다니며 살아야만 했을까? 지긋지긋한 가난을 자녀에게 물려주고 싶지 않은 조급함 때문이었다. 하루속히 가난에서 벗어나 안정된 삶을 살고 싶었다. 가난의 굴레에서 벗어나려고 모질게도 달려왔다.

나처럼 치열한 생존 경쟁에서 살아남으려는 욕구를 에이브러햄 매슬로(Abraham Maslow)는 인간이 가장 기초적으로 필요로 하는 '생리적 욕구'라고 했다. 그는 인간의 욕구를 생리적 욕구, 안전의 욕구, 애정과 소속의 욕구, 존경의 욕구, 자아실현의 욕구, 5단계로 나눴다.

기초적인 생리적 욕구가 어느 정도 만족되면 안전의 욕구를, 안전의 욕구가 만족되면 애정과 소속의 욕구를, 이어서 존경의 욕구와 자아실현의 욕구를 추구한다는 것이다. 경쟁에서 살아남으려는 나에게는 생존의 욕구가 최우선이었고, 가난의 벽을 넘기 위해 아무도 모르는 곳으로 훌쩍 떠나 새롭게 시작하고 싶었다. 돌이켜보니 한곳에 정착하지 못하고 이리저리 떠도는 잠자리와 같은 인생이었다.

나는 망했다, 완전히 망해버렸다!

대전은 나에게 완전히 낯선 곳이었다. 관공서가 모여 있는 뒷 골목에서 경험도 없는 갈빗집을 시작했다. 친절하고 맛있는 식당 으로 자리 잡아갈 무렵 공무원의 기강 확립을 위해 '근무 중 외출이 나 회식 등을 자제하라'는 대통령의 말 한마디에 6개월 동안 파리 만 날렸다. 시설비와 운영비 수천만 원을 고스란히 빚으로 남긴 채 1994년 가을에 문을 닫았다.

"가난한 사람을 더 죽이는 정부를 어떻게 믿으라는 거야?"

잘살아 보겠다고 대전까지 와서 빚으로 차린 음식점이 망하자 정부를 원망했다. 나 혼자 열심히 일한들 소용없다고 생각했다.

2년 후 다시 시작한 식당을 1년 만에 다른 사람에게 양도하고, 부동산 중개 사무소에 취업했다. 그동안 건축 컨설팅과 분양 등을 공부하며 미리 준비했다. 식당을 운영하면서도 틈만 나면 부동산 중개 사무소에 들러 정보를 익히고 상권 분석을 했다.

그곳에서 1년 정도 실무 경험을 쌓고 부동산 중개 사무소를 개 업했다. 때마침 주변에는 6,000여 세대의 아파트 단지와 토지를 대 단위로 개발하기 시작했다.

그 후 부동산 종합 컨설팅 회사를 운영하면서 시공사에 건축 건 을 소개하기도 했다. 성과를 거두자 좁은 집에서 고생하던 우리 가 족은 40여 평의 넓은 집으로 이사했다. 그 후 인근에 있는 빌딩을 인수하여 임대업을 하기도 했다. 하지만 사람들이 제기한 수차례 의 소송과 민원은 나를 처절한 고통 속으로 밀어넣었다.

모든 것을 잃고 어둠의 긴 터널을 지나야 했다. 내 주장만 하고, 다른 사람들의 이야기를 귀담아듣지 않은 소통력의 부재가 낳은 결과였다. 아버지처럼 가난하게 살지 않겠다며 쏟아냈던 절규도 공허하게 사라졌다.

이제 다시 정상에 섰다

누구나 정상에 서기를 바라지만 각자가 바라는 정상의 모습은 저마다 다르다. 나는 이제 다시 정상에 섰다. 다른 사람들과 비교했을 때 상대적으로 성공했다는 뜻이 아니다. 나만의 정상이기 때문에 누구와도 비교할 수 없다.

나는 슈퍼바이저, 전문 코치, 교수, 강사, 공인중개사, 소통 전문가, 목사 등 다양한 호칭으로 불린다. 그만큼 나의 소통 방식도 다양하다.

주어진 환경을 극복한다는 것이 말처럼 쉽지 않았다. 그동안 겪은 수모와 고통에서 벗어나기 위해 10여 년을 공부해야 했다. 마음을 회복하고 더 나은 인간관계를 맺기 위해서였다.

2012년 대학교 과정을 마치고 대학원에서 상담학으로 석사 학위를 받은 후 4년 만에 상담 전공 철학박사 학위를 취득했다. 동시에 상담과 코칭 리더십을 배우며 관련 자격증도 준비했다. 이와는 별도로 야간 신학교에서 신학 과정을 마치고 목사 안수를 받고 교회도 개척했다.

나에게 가장 큰 변화는 생활방식과 언어 습관이 긍정적으로 바뀌었다는 점이다. 또한 상담과 코칭 리더십은 나의 소통력을 크게 향상해주었다. 상황을 바라보는 관점이 달라지고 삶을 재구성하고 문제를 해결하는 능력도 높아졌다.

　사람들은 매일 해야 할 일 외에도 돌발적인 새로운 일에 맞닥뜨린다. 그러나 모든 일을 한꺼번에 할 수 없을 뿐만 아니라 꼭 하지 않아도 되는 일들도 있다. 이럴 때 나는 상황을 점검한 다음 하나씩 순서를 정한다.

　가장 중요하게 생각해야 할 것은 인생의 가치와 의미에 부합하는가 하는 점이다. 그다음에 긴급을 다투는 비상 상황인지를 살펴본다. 그리고 일상적으로 일어나는 일인지 점검한다. 마지막은 저절로 해결되는 일인지, 또는 굳이 하지 않아도 되는 일인지를 구분한다.

　이렇게 나 자신과 소통한 후에 다른 사람과 소통한다. 다른 사람과 관계되는 일이라면 보다 절제되고 부드럽게 표현한다. 상대의 마음이 상하지 않도록 정중하면서도 완곡하게 내 마음을 전한다. 이러한 소통 방식으로 이전보다 나의 인간관계는 더욱 돈독해지고 있다.

" 싱글맘, 소통으로 홀로 서기에 성공하다 "

대부분의 것들이 삶에 위협적이지 않아요

40대 초반의 싱글맘이 나를 찾아왔다. 그녀는 남편과 이혼하고 고통스런 나날을 보내고 있었다.

나와 코칭 대화를 마치고 그녀는 이런 말을 남겼다.

"어깨에 메고 있던 무거운 짐을 내려놓은 것처럼 홀가분해요. 내 생각에 잠겨서 나 혼자만 갖고 있을 때는 무섭고 힘들었어요. 아무것도 못할 것 같고, 다 그만두고 싶고, 포기하자고 마음먹은 적도 있어요."

그녀는 잠시 생각하더니 말을 이었다.

"마음속에 있는 것을 끄집어내고 나니 '내가 처한 대부분의 환경들이 삶에 위협적이지 않다'는 느낌이 들었어요. 신기하게도 질문을 통해 정리되고 명료해졌어요. 이제 뭔가를 다시 시작할 수 있을 것 같아요. 정말 감사합니다."

처음 대화를 시작할 때는 부정적인 언어가 주를 이뤘고 표정이나 태도는 무기력한 모습이었다. '피곤하다, 포기하고 싶다, 하기 싫다, 의욕도 없고, 의지도 없고, 인내심도 없다, 지쳤다, 힘 빠진다, 우울하다', 이런 말들이 대부분이었다.

그녀는 무기력, 나약함, 부정적 사고, 편향된 시각, 자기 연민, 자신감 부족 상태였다. 하지만 나와 대화를 나눌수록 말도 점점 또렷해지고, 표정과 태도도 180도 달라졌다. 대화 중 사용하는 단어도 긍정적으로 바뀌었다. '자신감을 회복하고 활동적이었으면 해요, 절반의 긍정성 발견, 예전의 성공 경험, 해냈네, 찌그러졌던 모습을 떠나보내는 계기, 그냥 좋아요, 익숙해져야죠, 나아질 수 있어요, 잘 적응해서 즐겁게 일하고 싶어요, 홀가분해요. 반짝반짝 빛날 것 같아요', 이런 말들이 그녀의 입에서 흘러나왔다.

그녀는 마음의 상처와 무력감을 지닌 채 사람들과 소통하지 못하고 있었다. 몇 해가 지난 지금, 그녀는 열심히 사회생활을 하면서 미래를 준비하고 있다.

까짓것, 뭐든 못하겠어요?

평소에 잘 알고 지내는 목사님에게 연락이 왔다.

"소장님, 사람 하나 살려야 해요. 제가 잘 아는 분인데 살펴주세요."

"알겠습니다. 보내주십시오."

얼마 뒤 얼굴에 웃음기라고는 전혀 없는 50대 초반의 여성이 찾아왔다.

"오시느라 수고 많았습니다."

내가 먼저 인사를 건네는데도 그녀는 아무 말이 없었다.

그러다 자리에 앉자마자 갑자기 울기 시작했다. 나는 그녀가 마음을 추스를 때까지 조용히 기다렸다. 울고 있는 동안 자신과 대화를 하는 것이므로 방해하지 않아야 한다. 한참을 울고 나서 그녀가 말을 꺼냈다.

"처음 뵙는 분 앞에서 이런 모습을 보여드려 죄송해요."

"괜찮습니다. 무슨 일인지 천천히 이야기하셔도 됩니다."

"기가 막혀서 말이 안 나와요. 남편이 도망갔어요. 그러더니 이혼해달래요."

"어떤 상황인지 조금 더 구체적으로 말씀해주시겠어요?"

"아이들 교육비에 생활비까지 앞으로 살아갈 일이 막막해요. 남편이 제 이름으로 사업하면서 계획적으로 다 빼돌렸어요. 지금 살고 있는 아파트로 받은 대출금까지 챙겨 갔어요. 남편이 통장까지 모두 관리하고 있었고, 저는 살림만 하느라 아무것도 몰랐어요. 친정에서도 돈을 빌렸는데, 이런 상황을 도저히 말 못 하겠어요."

"가장 힘든 것이 무엇인가요?"

"제 마음이에요. 남편에 대한 배신감으로 고통스러워요."

"앞으로 어떻게 하고 싶으세요?"

"이혼해야죠. 그리고 뭐든 해야죠. 보란 듯이 잘살고 싶어요."

나는 그녀가 격한 감정을 쏟아내거나 침울하게 이야기할 때도 가만히 귀 기울였다. 그동안 마음에 차곡차곡 쌓아둔 이야기가 얼마나 많겠는가? 뭐든지 하려는 사람에게는 길이 있게 마련이다. 부동산과 관련된 사항은 내가 꼼꼼히 점검해주었고, 다른 법적인 사항은 변호사와 상의해 마무리되었다. 그녀는 "소장님과 대화를 나누고 속이 후련해졌어요. 힘이 생기고 앞이 보여요"라고 말했다.

몇 달 후 그녀는 반가운 소식을 전했다.

"소장님, 저는 요양보호사로 근무하면서 잘 지내고 있어요."

"어떻게 요양보호사를 준비하셨어요?"

"까짓것, 뭐든 못하겠어요?"

한부모 가족이야말로 소통이 필요하다

여성가족부가 발표한 2018년 한부모 가족 실태 조사에 따르면, 2,500명의 대상자 중 80% 이상이 '양육비·교육비 부담'으로 어려움을 겪고 있으며, 78.8%가 상대 배우자에게 양육비를 받지 못하는 것으로 나타났다.

이들의 평균 연령은 43.1세로 30대 이하 29%, 40대 54.5%, 50대 이상 16.5%였다. 이혼 77.6%, 사별 15.4%, 미혼 4%, 별거 2.9%, 기타 0.1%로 나타났으며, 평균 자녀 수는 1.5명으로 1명

55%, 2명 37.1%였다. 가구 구성은 모자 가구 51.6%, 부자 가구 21.1%, 모자와 기타 가구 13.9%, 부자와 기타 가구 13.5% 순이었다.

한편 다음과 같은 보도도 있다. "저소득층 한부모 가족의 규모가 2005년 12만 가구에서 매년 지속적으로 증가해 2015년에는 23만 가구로 10년간 85% 증가율을 보였다. 이들의 거주 형태는 전세와 월세가 51.0%로 과반수였으며, 무상과 공공임대 형태도 27%를 차지했다. 반면 자가 소유 비율은 21%로 전체의 5분의 1 수준이다."(「한국정책신문」 2019년 8월 26일자)

한부모 가족이 지속적으로 증가하는 이유 중 하나는 달라진 가치관 때문이다. 싱글맘은 '사별 또는 이혼을 하거나 독신 여성이 결혼 생활을 유지하지 않는 상태에서 아이를 혼자 양육'하는 경우이며, 싱글 대디는 동일한 경우의 남성을 말한다. 한부모 가족이 공통적으로 경험하는 어려움은 다음과 같다.

첫째, 한부모 가족은 경제적 어려움에 처하게 된다. 특히 모자(母子) 가족이 부자(父子) 가족보다 더 심각하다.

둘째, 한부모들은 배우자 부재로 인해 외로움, 역할 수행의 혼란, 애정 문제, 사회적 위축, 감정 표현과 수용 문제 등 정서적 문제를 수반한다.

셋째, 한부모는 친척이나 친구 및 이웃과의 관계 변화와 사회적 활동의 제약으로 고립감을 느낄 수 있으며, 이로 인해 대인관계에 대한 적절한 대처 능력이 위축된다.

넷째, 한부모 가족이 경험하는 가장 큰 문제 중 하나가 자녀 양육과 교육 문제다. 모자 가정과 부자 가정 모두 생계 유지를 위한 경제활동으로 자녀 양육은 큰 짐이 될 수 있다.

이러한 한부모 가족의 어려움에 대해 미래가족연구회는 『결혼과 가족』에서 한부모를 위한 가이드를 다음과 같이 제시했다.

- 현실을 인정하고 변화를 결심하라. 사별이나 이혼 등 원하지 않는 상황에 직면했을 때 이제까지 살아왔던 삶의 방식과는 다른 현실을 받아들여라. 이것은 지난 삶에 집착하지 않고 한부모로서 새로운 삶을 살기 위해 첫 번째로 반드시 해야 할 일이다.

- 혼자서 무슨 일을, 어떻게 해야 할지 혼란스럽고 짜증이 날 때 제풀에 지치거나 공연히 아이에게 화내지 말고 할 수 있는 일과 포기해야 하는 일, 하고 싶지 않지만 해야 하는 일을 나눠서 정리해본다. 그리고 우선순위를 정해서 하나씩 처리한다.

- 새로운 사람을 만날 때는 배우자를 찾기 위한 과정으로 생각하지 말라. 자신의 나이나 상황을 거짓으로 꾸미지 말고 있는 그대로를 보여줘라. 전남편(전 아내)에 대한 분노가 완전히 없어지지 않은 상태에서 새로 만나는 사람에게 마음을 쏟아붓지 말라.

- 아이와 더불어 살아라. 대개의 한부모들은 아이에게 미안한 마음에서 완벽한 부모가 되려고 하거나 자녀를 지나치게 가엾게 여긴다. 그러나 아이들이 한부모와의 새로운 생활에 잘 적응하기 위해서는 한부모가 자녀의 모든 것을 책임지기보다 아이와 문제를 함께 풀어나가면서 더불어 살아가는 것이 중요하다.
- 자녀 교육의 3가지 원칙. 첫째, 자녀와의 갈등을 이해하려고 한다. 둘째, 자녀가 잘못된 행동을 할 때 화를 내거나 비난하지 말고 긍정적인 행동에 관심과 선의를 보여야 한다. 셋째, 자녀가 자신감을 가질 수 있도록 칭찬과 지지, 격려한다.

한부모 가족에 대한 우리 사회의 부정적 통념은 그들을 더욱 위축하게 만든다. 한부모 가족에 대한 재정적 지원도 필요하지만, 무엇보다 그들이 심리적 안정을 가질 수 있도록 다른 사람들과의 상호작용이 강화되어야 한다. 한부모에게 상호작용은 마치 숨 쉬는 것과 같다.

" 분노와 우울에서 벗어나 다시 평온을 찾다 "

이렇게 네 인생을 끝내고 싶어?

사업 실패 후 나는 치밀어 오르는 분노를 이기지 못해 두 번의 흉부 수술을 받아야 했다. 꿈을 이루지 못한 좌절감이 나를 우울하게 만들었고 삶의 의욕은 점점 약해졌다. 그럴 때마다 나를 이토록 비참하게 만든 사람들의 얼굴이 떠올라 분노는 식을 줄을 몰랐다.

나는 점점 술에 의지하며 하루하루를 겨우 지탱했다. 매일 반복되는 술과 늦은 귀가는 일상이 되었고, 급기야 음주운전으로 100일간 면허정지 처분을 받기도 했다. 비가 내리던 늦은 밤에 집에서 불과 50여 미터 떨어진 곳에서 배회했다. 그날도 술에 취해 건너편 구멍가게를 우두커니 바라보고 있었다.

'술 한잔 더 하고 갈까? 그냥 집에 들어갈까?'

그 순간 나는 울컥하며 속에서 무언가를 토해냈다.

'이렇게 네 인생을 끝내고 싶어? 가족들이 불쌍하지도 않니?'

나는 인생이 억울하고 분하다고 울부짖었다.

'너를 아는 사람들이 꼴좋다고 비웃어!'

'아무것도 없이 쫄딱 망했는데, 나보고 어쩌라고!'

넋두리를 하면서도 갑자기 '내 인생을 포기할 수 없다'는 생각이 들었다. 나는 집으로 달려와 눈물을 글썽이며 아내에게 말했다.

"여보, 나 다시 한 번 시작해볼게. 무슨 일이든 찾아볼게!"

"그래요, 힘내요. 수술받은 부위가 재발하지 않도록 술 좀 자제하고요."

"알았어. 반드시 그렇게 할게!"

이후로 나는 술과 담배를 완전히 끊고 건강을 회복하는 데 힘썼다. 그러나 잠을 자다가도 문득문득 솟구치는 분노를 참을 수 없었다. 내 마음은 다시 '원망과 복수심'으로 가득했다. 분노를 스스로 제어하기가 쉬운 일이 아니었다. 그럴 때마다 나는 교회를 찾아 목이 쉬어 소리가 나오지 않을 정도로 피를 토하듯이 절규했다.

내 등에 짐이 없었다면

그러던 어느 날 우연히 마음에 깊이 와 닿는 글을 발견했다. 그 글은 나를 깊이 이해하고 위로했으며, 따뜻하게 감싸주었다. 그리고 내가 다시 일어설 수 있도록 삶을 전환하는 계기가 되었다. 내 마음을 이끌고 새로운 용기를 북돋워준 것은 정호승 시인의 『내 인생에 힘이 되어준 한마디』에 실린 작자 미상의 글이다. 이 글을 읽으면 왠지 마음이 편안해지고 위로를 받은 듯 힘이 난다.

내 등에 짐이 없었다면
나는 세상을 바로 살지 못했을 것입니다.
내 등에 있는 짐 때문에 늘 조심하면서 바르고 성실하게 살게 됩니다.
이제 보니 내 등의 짐은 나를 바르게 살도록 한 귀한 선물이었습니다.
내 등에 짐이 없었다면
나는 사랑을 몰랐을 것입니다.
내 등에 있는 짐의 무게로 남의 고통을 느꼈고 이를 통해 사랑과 용서를 알았습니다.
이제 보니 내 등의 짐은 나에게 사랑을 가르쳐준 귀한 선물이었습니다.
내 등에 짐이 없었다면
나는 아직도 미숙하게 살고 있을 것입니다.
내 등에 있는 짐의 무게가 나의 삶의 무게가 되어 그것을 감당하게 하였습니다.
이제 보니 내 등의 짐은 나를 성숙시킨 귀한 선물이었습니다.

내 등에 짐이 없었다면

나는 겸손과 소박함의 기쁨을 몰랐을 것입니다.

내 등의 짐 때문에 늘 나를 낮추고 소박하게 살게 됩니다.

이제 보니 내 등의 짐은 나에게 기쁨을 전해준 귀한 선물이었습니다.

물살이 센 냇물을 건널 때는 등에 짐이 있어야 물에 휩쓸리지 않고

화물차가 언덕을 오를 때는 짐을 실어야 헛바퀴가 돌지 않듯이

이제 보니 내 등의 짐이 나를 불의와 안일의 물결에 휩싸이지 않게 했으며

삶의 고개 하나하나를 잘 넘게 하였습니다.

가족의 짐, 직장의 짐, 이웃과의 짐, 가난의 짐, 몸이 아픈 짐, 슬픈 이별의 짐들이

내 삶을 감당하는 힘이 되어

오늘도 최선의 삶을 살도록 채찍질합니다.

신기하게 분노가 사라졌어요

40대 중반의 여성이 내가 운영하는 소통코칭연구소를 찾아왔다. 얼굴은 초췌했고, 눈동자는 불안정하게 흔들렸으며, 꽉 움켜쥔 손은 경련이 일어난 듯 떨렸다. 그녀는 쉬지 않고 말했으며, 일상

의 대화보다 훨씬 큰 목소리로 마음의 소리를 토해냈다. 자신은 정신과에 다니고 있다면서 남편에 대한 이야기를 시작했다.

"언제 가장 행복했나요?"

"어릴 때 아빠가 예쁘다고 칭찬해줄 때였어요."

"오늘 어떤 이야기를 하고 싶으세요?"

"남편이 나한테 너무 함부로 대해요."

"남편에 대해 어떤 마음이 드세요?"

"자기만 잘난 사람. 너무 미워요. 분하고 억울해요. 내 마음대로 할 수 있는 것이 없어요."

"평소에 남편은 어떤 분인가요?"

"밖에서는 아주 호인이죠. 집에만 들어오면 나를 제압하고, 통제하고, 무시하고, 시키는 대로 하라며 아이들 앞에서 핀잔을 줘요. 이제는 아이들까지 엄마인 나를 무시해요."

"특히 화가 난 일이 있나요?"

"이혼하고 싶다, 혼자 살고 싶다고 해요."

"어떤 남편이면 좋겠어요?"

"존경스러운 사람, 건강하고 실속 있는 사람, 듬직하게 기댈 수 있는 남편이면 좋겠어요."

"남편이 부인에게 바라는 것은 무엇일까요?"

"차분히 살림 잘하고 집을 깨끗이 정리하는 것이죠. 뭐든지 남편한테 물어보고 허락을 받아야 하고요."

"남편이 부인에게 그렇게 하는 이유가 무엇일까요?"

"못 미더우니까 그러겠죠. 내가 하는 것은 다 못마땅하게 생각해요. 남편이 못 미더워할 만한 일이 있었거든요."

그날로부터 몇 주 지나서 우리는 다시 만났다.

"요즘은 어떠세요?"

그녀는 이렇게 대답했다.

"신기하게 분노가 사라졌어요. 마음이 편안해졌어요. 남편이 아이들 앞에서 '엄마가 살림에 신경 쓴다. 우리 식구가 오랜만에 다 모였네. 집 안이 깨끗하네. 수고했어!' 이런 말을 하니까 너무 좋았어요. 2주 전부터는 병원에 가지 않고 약도 끊었어요. 소장님과 대화하면서 제가 스스로 선택한 것들을 하나씩 실천해볼게요. 제가 생각을 바꾸니 모든 것이 달라졌어요."

분노는 자신의 요구가 받아들여지지 않거나, 반대 또는 무시를 당했을 때 나타나는 감정이다. 가벼운 짜증부터 격노로 이어지기도 하고, 심한 경우 적대적인 공격성을 보인다. 분노는 예방하는 것이 중요하다. 특히 가족에 대한 분노는 자신의 욕구를 호소하는 신호다. 이러한 신호를 잘 감지해서 예방하거나 분노의 원인을 해결하기 위해서는 의사소통 능력이 필요하다.

" 여보, 잘살아 보려고 그런 거잖아요!

"

그대로 주저앉을 수는 없었다

나는 1982년 5월 아내와 결혼했다. 가난 속에서도 꿈이 부풀어 올랐고, 모든 것이 다 잘될 것이라는 희망으로 열심히 생활했다. 그러나 언제부터인가 직장 생활을 열심히 하면서도 무언가에 눌리는 기분이었다. 학력 차이, 가난한 환경, 지역 차별이라는 피해의식이 내면에 자리 잡고 있었기 때문이다.

30대 중반의 젊은 나이에 극복하기 가장 힘든 것은 학력이었다. 그래서 언젠가는 학력 차이를 반드시 극복해야겠다고 다짐했다. 그 무렵 나는 스스로 일어서지 못하면 장래가 보장되지 않는다는 생각이 들었다. 그래서 1988년 4월에 다니던 회사를 그만두고,

성남에서 부동산 중개업에 뛰어들었다.

　대전으로 이사한 후, 나는 숱한 역경 속에서 사업 기반을 다져 나갔다. 하지만 뜻하지 않은 사건에 휘말려 사업이 실패했다. 하루 아침에 모든 것을 잃게 되자 지난날의 삶을 후회하며 수년 동안 방황의 나날이 이어졌다. 내 앞길은 온통 어둠뿐이었고, 주위 사람들도 하나둘 소식을 끊기 시작했다.

　가족이 살던 집을 떠나 보증금도 없이 산동네 비탈의 집을 1년 동안 100만 원에 살기로 하고 입주했다. 재래식 화장실이 딸린 축대 밑의 반지하는 생활하기에 여간 불편한 것이 아니었다. 자존심도 상하고 창피하기도 했다. 하지만 살아내야 했다. 금전적인 여력이 없었기 때문에 무언가 해보고 싶어도 전혀 움직일 수 없었다.

　그야말로 빈털터리가 되어 길거리에 나앉은 형국이었다. 살아남기 위해서는 일거리를 찾아야만 했다. 아무리 생각해도 내가 할 수 있는 일은 부동산 중개업뿐이었다. 실패한 뒤로 부동산 중개업은 두 번 다시 하고 싶지 않았지만 그대로 주저앉을 수는 없었다.

　때마침 지인이 400만 원을 지원해준 덕분에 부동산 중개 사무소를 개설했다. 집에서 가까운 거리에 있던 사무실의 최악의 위치라고 해도 과언이 아니었다. 그래도 밤마다 잠잘 집이 있고, 매일 출근할 사무실이 있어서 다행이었다. 부동산 중개업을 처음 시작하는 마음으로 열심히 준비했다. 사무실 입지는 좋지 않았지만 마음은 가난하지 않았다. 내 마음속에는 다시 한 번 일어나 걷고, 뛰고, 날고 싶은 생각이 꿈틀거리기 시작했다.

누구나 사정은 있다

"식당을 할 만한 자리 있어요?"

오랜만에 들어보는 손님의 목소리가 반가웠다.

"어서 오세요. 어떤 업종이신지요?"

"돼지고기를 전문으로 하는 식당입니다."

상담을 마치고 고객과 함께 주변을 돌아보았다.

"아직은 사장님 조건에 알맞은 점포가 없네요."

그 순간이었다.

"사장님, 혹시 저 가게는 안 나왔어요? 저런 자리라면 당장 하고 싶은데, 한번 알아봐 주세요. 면적도 넓고 주차장도 있어서 좋네요."

"한번 알아보고 수일 내로 연락드리겠습니다."

나는 등기부등본과 건축물대장을 발급받고, 건물주, 건축물 면적, 건물 구조 및 용도, 대지 면적, 주변 환경을 점검하고, 고객이 하고자 하는 업종과 맞는지 분석했다. 그리고 식당을 운영하고 있는 주인을 방문했다.

"사장님, 그동안 식당을 잘 운영하셨죠? 돈을 많이 버셨다고 소문이 자자하던데요?"

"과찬의 말씀이십니다. 그런데 무슨 일로 찾아오셨어요?"

"사장님, 오해는 하지 마시고요, 혹시 이전 계획이 있으신지요?"

"왜 그러시지요?"

"찾는 사람이 있을 듯해서 여쭤봤습니다."

"생각 좀 해보겠습니다."

생각해보겠다는 것은 알맞은 조건에 내놓을 수도 있다는 의미였다. 상대의 마음을 알았다 하더라도 스스로 이야기할 때까지 기다리는 것이 존중과 배려이다. 며칠 후 식당 주인에게 연락이 왔다.

"소문나지 않도록 조용히 팔아주세요. 사정이 있어서 옮기려던 참이었거든요."

누구나 사정은 있다. 눈이 보배라는 말이 있듯이 다른 사람의 사정을 볼 수 있는 안목은 소통에서 빼놓을 수 없는 중요한 요소이다. 며칠 뒤 잔금까지 모두 치르고, 계약을 마치니 오랜만에 만져보는 두둑한 수수료가 손에 들어왔다. 때마침 장대비는 시원하게 쏟아져 내렸고, 내 마음은 단비를 만난 듯 시원했다.

한마디의 말이 사람을 살린다

집에 들어서는 순간 나는 망연자실했다.

"여보!"

아내는 얼굴이 온통 땀범벅인 채 흥건하게 고인 방 안의 빗물을 퍼내고 있었다. 옷 보따리와 상자들이 이리저리 옮겨져 있었다. 아내 혼자 빗물을 퍼내면서 얼마나 마음이 퍽퍽했을까! 나는 방바닥에 철퍼덕 주저앉아 아무 말도 하지 못했다. 그리고 아내를 꼭 끌어안은 채 한참 동안 울었다.

"여보, 미안해! 당신을 이렇게 고생시키려고 결혼한 것이 아닌데."

"울지 말아요. 나는 괜찮아요."

"내가 왜 이렇게 못났지? 당신한테 얼굴을 들 수가 없어! 미안해, 정말 미안해!"

아내는 마치 아무 일도 없다는 듯이 차분한 목소리로 말했다.

"여보, 잘살아 보려고 그런 거잖아요! 그러니 힘내요!"

그 말을 듣는 순간 가슴이 먹먹했다. 위로받아야 할 사람이 오히려 나를 위로하고 있었다. 아내의 말 한마디에 나는 새 힘을 얻었다. 그 한마디의 말이 지금까지 나를 지탱해주었다. 나를 가장 가까이에서 지켜본 아내의 진심이 담긴 선물이었다. 아내의 한마디가 실패하고 쪼그라든 나를 살린 것이다. 아내의 말 한마디가 상처투성이 내 인생의 스승이 되었다. 다시 일어나 지금의 모습으로 바뀔 수 있었던 것도 아내의 그 한마디가 있었기 때문이다.

나는 손에 들고 있던 수수료 봉투를 아내에게 건네주고 다시 사무실로 나갔다. 걸어가는 동안 여전히 굵은 빗줄기가 내렸다. 나도 모르게 들국화의 '사노라면'을 흥얼거리고 있었다. 이후로 나의 애창곡이 되어 그날을 생각하며 지금도 가끔씩 부른다.

사노라면 언젠가는 밝은 날도 오겠지
흐린 날도 날이 새면 해가 뜨지 않더냐
새파랗게 젊다는 게 한밑천인데 쩨쩨하게 굴지 말고 가슴을
쫙 펴라
내일은 해가 뜬다 내일은 해가 뜬다
비가 새는 작은 방에 새우잠을 잔데도

고운 님 함께라면 즐거웁지 않더냐

오손도손 속삭이는 밤이 있는 한 쩨쩨하게 굴지 말고 가슴을

쫙 펴라

내일은 해가 뜬다 내일은 해가 뜬다

사노라면 언젠가는 밝은 날도 오겠지

흐린 날도 날이 새면 해가 뜨지 않더냐

새파랗게 젊다는 게 한밑천인데 한숨일랑 쉬지 말고 가슴을

쫙 펴라

내일은 해가 뜬다 내일은 해가 뜬다

내일은 해가 뜬다 내일은 해가 뜬다

" 생각을 바꾸면 길이 보인다 "

내 눈은 비뚤어져 있었다

가난이라는 옷을 입고 살아온 내 인생은 언제나 제자리였다. 하루속히 돈을 벌어 가난에서 벗어나는 것만이 '세상을 이기는 길'이라고 생각했다. 충분히 배우지 못한 것을 보상받으려는 의미도 담겨 있었다. 나는 딱 한 번만이라도 세상을 이기고 싶었다. 그래서 세상과 맞서 싸워 이기겠다는 각오를 다졌다.

어떻게 해야 하는지도 모른 채 오로지 돈을 많이 벌면 세상을 이기는 것이라고 생각했다. 돈이 될 만한 일을 발견할 때마다 '잘 살고 싶다'는 마음이 나를 조급하게 내몰았다. 다른 사람의 조언이나 충고를 귀담아듣지 않고, 내가 생각하는 방향대로 걸어갔다.

'나도 한번 잘살아 보겠다'는 욕망에 사로잡힌 나머지 현실과 점점 멀어졌다.

나는 혈기에 충만해 돈에 끌려 다녔다. 경쟁과 승리의 유혹에 빠진 나는 사람들과의 관계가 틀어지고, 파멸의 도가니 속으로 빠져들었다. 간간이 내가 이루어놓았던 자그마한 성취들도 바닷가의 모래성처럼 세상의 거친 파도에 쓸려가 흔적조차 남지 않았다.

'내가 뭘 그리 잘못했기에 이렇게 됐을까?'

'나는 왜 이렇게 살아가야만 하는가?'

'세상은 왜 이렇게 나한테만 가혹할까?'

건물 머릿돌에 새겨진 홍석고라는 선명한 이름이 그날의 아픔을 말해준다. 2001년 여름, 건물 준공과 함께 분양자들의 입주를 모두 마치고, 나는 기나긴 어둠의 터널을 지나야 했다. 건축 공사 대금을 지불하기 위해 농협에서 몇 사람의 이름으로 신용대출을 받았다. 그중 한 사람이 자신의 명의로 대출받은 금액 중 1억 원이 넘는 돈을 빼내 자신의 집을 사버렸다. 그리고 건설회사는 공사 대금과 수익 배분이 깨끗이 마무리되었는데도 그런 사실이 없다고 어깃장을 놓으며 돈을 더 내놓으라고 경찰에 나를 고소했다.

사람들은 돈 앞에서 오직 자신만을 생각했다. '하늘이 무너져도 솟아날 구멍이 있다'고 했는데, 나는 옴짝달싹도 할 수 없었다. 나는 한동안 다른 사람을 탓하고 세상을 향해 울분을 토해냈다. 그럴수록 마음은 더욱 피폐해지고, 무엇을 보든지 내 눈은 비뚤어졌다.

나를 위한 아버지의 메시지

어느 날 우연히 더글러스 맥아더(Douglas MacArthur) 장군의 '자녀를 위한 기도문'을 읽었다. 「내 아이가 이런 사람이 되게 하소서」라는 기도문이 내 마음을 사로잡았다. 처음으로 아버지의 심정을 느꼈고, 나의 과거, 현재, 미래를 조명해주었다. 그것은 나를 위한 아버지의 메시지였다.

오, 주여! 내 아이가 이런 사람이 되게 하소서.
약할 때 자신을 분별할 수 있는 힘과
두려울 때 자신을 잃지 않는 용기를 주소서.
정직한 패배 앞에 당당하고 태연하며,
승리의 때에 겸손하고 온유한 사람이 되게 하소서.

내 아이가 이런 사람이 되게 하소서.
자신의 본분을 자각하여 하나님과 자신을 아는 것이
지식의 기초임을 깨닫는 사람이 되게 하소서.

그를 요행과 안락의 길로 이끌지 마시고,
자극받아 분발하도록 고난과 도전의 길로 인도하소서.
모진 비바람을 견뎌내게 하시고,
실패한 자를 긍휼히 여길 줄 아는 사람이 되게 하소서.

내 아이가 이런 사람이 되게 하소서.

마음이 깨끗하고 높은 이상(理想)을 품은 사람,

웃을 줄 알면서도 우는 법을 결코 잊지 않는 사람,

미래를 향해 전진하면서도

과거를 결코 잊지 않는 사람이 되게 하소서.

이 모든 것들 외에 그에게 유머 감각을 주소서.

그리하면 항상 진지하면서도

결코 지나치게 심각해지지 않을 것입니다.

그에게 겸손을 가르쳐주소서.

그리하면 진정한 위대함은 소박하며,

진정한 지혜는 열려 있으며,

진정한 힘은 너그럽다는 것을

언제나 기억할 것입니다.

그 아이가 이런 사람이 되었을 때

저는 감히 그에게 속삭일 것입니다.

내가 인생을 결코 헛되이 살지 않았노라고.

세상을 품어야 세상을 이긴다

이 기도문을 몇 번이나 읽으면서 문득 '내 인생을 이대로 끝내야 하는가?'라는 생각이 들었다. 세상은 싸워서 이기는 것이 아니라 '세상을 품어야 세상을 이긴다'는 것을 알게 되었다. 내 마음속에 담겨 있는 억울함, 원망, 분노, 상처, 경쟁, 싸움 등을 내려놓아야 했다.

남을 탓하기보다 나 자신이 먼저 온유하고 겸손해야 했다. 실패와 좌절에서 벗어나 떨치고 일어나야 했다. 사람들은 누구나 크든 작든 실패를 경험한다고 생각하니 용기가 생겼다.

이후로 나는 실패와 좌절을 겪으면서도 희망을 놓지 않았다. 이처럼 내 생각을 바꾸니 길이 보이기 시작했다. 모든 열매는 씨앗의 발아로부터 시작된다. 미래에 주렁주렁 매달려 나를 반겨줄 열매를 상상하기 시작했다. 내가 걸었던 고난의 길에도 희망의 씨앗은 살아 숨 쉬고 있었다.

실패의 쓴맛을 보지 않고 성공한 사람은 없다. 성공한 모든 사람들이 실패를 통해 성장과 발전을 이루었다. 그러나 사람들은 실패가 두려워 아무것도 하지 않는다. 실패는 성공의 길잡이다. 지금도 내 안에서는 새로운 희망의 씨앗이 꿈틀거린다.

세상을 품기 위해 나 자신의 가치를 세우는 일부터 하기로 결심했다. 나를 먼저 돌아보고, 나를 아프게 한 사람들을 받아들였다. 미움, 아픔, 고통, 억울함, 분노, 원망으로 꽁꽁 싸매고 있던 마음의 보따리를 풀어 헤쳤다. 그것이 세상을 이기는 길이었고, 결국 나는 세상을 품을 수 있었다.

" 걱정을 포기하는 것이 능력이다 "

셀프 코칭으로 걱정을 해결한다

나는 걱정하지 않는 편이다. 큰 걱정거리가 있을수록 오히려 담담하게 행동한다. 그래서인지 사람들은 나한테 "걱정이 하나도 없는 사람 같다"고 말한다. 세상에 걱정 없는 사람이 어디 있겠는가? 걱정거리는 끊임없이 찾아오지만, 모든 걱정을 해결하려고 하지 않는다. 상황이 바뀌어 저절로 해결되는 걱정거리도 있기 때문이다. 나는 걱정거리에 이끌리기보다 먼저 시간을 가지고 걱정거리의 중요도와 가치를 살핀다.

2014년 대학원 석사 논문을 마치고 박사 과정에 진학할지 고민할 때 다음과 같이 셀프 코칭을 시작했다.

"걱정거리의 원인은 무엇인가?"

"소통 전문가로서 전문성이 아직도 많이 부족하다는 느낌이 들어. 박사 과정에 진학해서 더 다양하고 깊이 있게 배우고 싶어. 내 경험을 바탕으로 많은 사람들과 소통하고 싶거든. 배움에는 시간과 돈과 노력이 필요하잖아. 내 나이도 예순이 넘으니 체력도 문제야. 그러나 무엇보다 경제력이 가장 큰 걸림돌이야."

"걱정할 가치가 있는 걱정거리인가?"

"걱정이라기보다는 고민해야 할 중요한 문제야! 앞으로 어떻게 살아갈 것인지가 달린 일이거든."

"내게 어떤 의미가 있는 것인가?"

"나는 사람들에게 힘을 주고 싶어. 지금도 다른 사람들을 신나게 해주는 편이야. 내가 힘들었잖아. 그리고 어려운 환경도 극복했잖아. 미래의 삶이 의미 있고 가치 있을 거라는 확신이 들어."

"걱정거리를 해결할 수 있는 어떤 능력을 가지고 있는가?"

"나는 열정과 끈기, 그리고 집중력과 도전 정신이 있어."

"부족한 역량은 무엇인가?"

"서두르는 성격을 보완해야겠지. 환경적으로는 경제적인 면을 아내와 깊이 상의해봐야 할 것 같아."

"박사 과정에 진학하지 않으면 어떻게 될까?"

"현재 상태에서 멈춘다면 훗날 큰 후회를 할 것 같아. 전문가로 활동하기도 어려울 것이고, 그동안 새롭게 준비한 역량들을 제대로 발휘하지 못할 것 같아."

"걱정을 포기하면 어떤 영향이 있는가?"

"걱정하기보다 방법을 생각해봐야겠어. 걱정한다고 해결될 문제가 아니라 선택의 문제라는 생각이 들어. 걱정하지 말고 방법을 찾아야 해!"

"해결하기 위한 방안은 무엇인가?"

"지금보다 훨씬 더 어렵고 힘든 상황도 극복했는데, 이 정도쯤 아무것도 아니라고 생각해! 오늘을 딛고 내일을 가는 거니까. 내일이 나를 기다리고 있을 거야."

"어떤 결정이 가장 효율적인가? 혹은 이익인가?"

"4~5년 내로 박사 학위를 취득해서 소통 전문가로 활동해야겠어! 당연히 준비된 전문가로 인정받는 것이 훨씬 이익이지. 사람들에게 좋은 영향력을 미칠 수 있으니까."

나는 셀프 코칭을 통해 대학원에 진학하기로 결정했다. 공부하는 동안 많은 어려움이 따랐지만 꿋꿋하게 버티고 이겨냈다. 이처럼 나는 셀프 코칭으로 걱정거리를 해결한다.

"걱정을 해서, 걱정이 없어지면, 걱정이 없겠네"

우리는 걱정하지 않아도 될 일을 걱정하느라 마음의 여유를 갖지 못한다. 생각이 많거나 걱정이 앞서다 보면 불안감에 사로잡혀 더 이상 앞으로 나아갈 수 없다. 불안과 상상력이 증폭되면 걱정의

포로가 된다. 사실 걱정하고 염려하는 일들 중에는 저절로 해결되는 것들도 많다.

돈, 건강, 취업, 자식 걱정에 나라 걱정까지 온통 걱정거리들로 가득하다. 걱정하는 데 많은 시간을 허비한다. 바둑 격언에 "장고(長考) 끝에 악수(惡手) 난다"는 말이 있다. 한 가지 생각에 너무 깊이 사로잡히다 보면 국면의 흐름을 망각하기 쉽고 판단력이 흐려져 오히려 좋지 않은 결정을 내린다는 뜻이다. 오랫동안 생각을 많이 한다고 해서 반드시 좋은 결과를 내는 것은 아니다.

대체로 생각이 많으면 고민이 커지고 걱정거리만 늘어난다. 심리학자 어니 젤린스키(Ernie J. Zelinski)는 "고민은 10분을 넘기지 말라"고 조언했다. 그는 『모르고 사는 즐거움』에서 걱정의 대부분은 공상에 불과하다고 말했다. 이에 대해 분석한 내용을 살펴보면 다음과 같다.

- 걱정의 40%는 절대 현실로 일어나지 않는다.
- 걱정의 30%는 이미 일어난 일이다.
- 걱정의 22%는 아주 사소한 고민이다.
- 걱정의 4%는 우리 힘으로 어쩔 도리가 없는 일들이다.
- 걱정의 4%는 우리가 바꿀 수 있는 일이다.

대부분의 걱정은 우리가 통제할 수 없는 것들이다. 걱정의 96%가 쓸데없는 것이라는 의미다. 우리가 통제할 수 있는 나머지 4%

는 굳이 걱정할 필요 없는 것들이다. 그러므로 젤린스키는 우리가 통제할 수 없는 걱정도, 통제할 수 있는 걱정도 모두 쓸데없는 걱정이라고 말한다. 이미 지나간 과거나 아직 오지 않은 미래를 걱정하느라 시간을 허비하는 것이다.

"걱정을 해서, 걱정이 없어지면, 걱정이 없겠네"라는 티베트 격언을 새길 필요가 있다. 우리는 원하는 TV 프로를 보기 위해 리모컨으로 채널을 바꾼다. 하지만 보고 싶은 프로가 없는데도 계속 채널을 돌릴 때가 있다. 보고 싶은 프로가 없다면 TV를 끄자.

삶은 크든 작든 걱정거리가 날마다 찾아오게 마련이다. 겉으로는 활기차고 행복한 사람들도 걱정거리는 항상 있다. 그러나 행복한 사람들은 걱정거리에 대한 반응이 보통 사람들과 다르다. 걱정거리가 정말 중요한 것인지, 반드시 해결해야 할 것인지, 사소한 일인지, 걱정하지 않아도 되는 것인지, 도저히 해결할 수 없는 불가항력적인 것인지를 구별할 줄 안다. 그리고 불필요한 걱정거리라고 판단되면 미련 없이 포기한다. 날마다 새롭게 찾아오는 걱정거리를 모두 해결하려는 과욕을 내려놓아야 건강하고 행복한 삶을 살 수 있다. 걱정과 고민을 선택하고 결정하는 시간은 짧을수록 좋다. 걱정을 포기하는 것도 능력이다.

네가 먹이를 주는 놈이 이기지

한 인디언 노인이 손자에게 사람의 마음에 일어나는 싸움에 대해 가르치고 있었다.

"애야, 사람의 마음속에는 늘 큰 싸움이 일어난단다."

"할아버지, 어떻게 싸워요?"

"마치 두 마리 늑대가 싸우는 것과 같단다. 한 마리는 악한 놈인데 걱정, 상처, 분노, 질투, 슬픔, 후회, 탐욕, 거만, 죄의식, 열등감, 거짓, 자만심, 이기심을 가지고 있단다. 다른 한 마리는 좋은 놈이지. 이놈은 기쁨, 평화, 사랑, 희망, 친절, 선의, 겸손, 동정심, 진실, 관대함, 신뢰를 가졌단다. 이 같은 싸움이 네 안에서도 일어나고, 모든 사람의 마음에서 일어난단다."

손자는 잠시 생각하다가 할아버지에게 물었다.

"그럼 어떤 늑대가 이겨요?"

인디언 노인이 대답했다.

"그야, 네가 먹이를 주는 놈이 이기지."

그렇다! 누구나 자신의 마음에 먹이를 준다. 사람의 마음속에는 긍정성과 부정성이 공존한다. 긍정성과 부정성의 먹이는 각자 선택하는 것이다. 어느 것에 먹이를 줄지를 선택하는 것은 자신의 몫이다. 우리는 걱정을 선택할 권한과 능력을 지니고 있다.

그러나 사람들의 마음은 걱정, 근심, 후회로 가득 차 있다. 살아가다 보면 늘 장애물이 나타나게 마련이다. 아무리 능력이 뛰어난 사람도 삶의 모든 장애물을 제거할 수는 없다. 하나의 장애물을 걷어내면 또 다른 장애물이 나타난다. 삶에서 부딪히는 문제를 걱정할수록 거기에 빠져들어 에너지가 고갈된다.

　대부분의 사람들이 지나간 일이나 내일 일어날 일에 대해 걱정하며 시간을 보낸다. 고민과 걱정을 선택하거나 포기할 줄 알아야 한다. 온갖 걱정으로 가득 차 있는 사람은 결코 다른 사람과 원활하게 소통할 수 없다.

"
높이 보고, 깊게 보고, 멀리 보라!
"

너무 멀리 가서 돌아오는 길도 멀단다

그동안 내 삶은 속도를 높이느라 놓친 부분이 많았다. 다른 사람들보다 더 빨리, 더 멀리 가려는 욕심이 앞섰다. 그러던 어느 날 "네가 너무 멀리 가서 돌아오는 길도 멀단다"라는 내면의 목소리가 나를 일깨웠다. 내 마음을 향해 길을 물었을 때 들려온 대답이었다. 당시에 나는 옴짝달싹도 할 수 없을 정도로 처절하게 무너져 내린 모습이었다.

그 목소리는 정신없이 질주했던 목적지와는 전혀 다른 방향이 있다는 것을 일깨워주었다. 이제 나는 어디로 가야 하지? 내가 가야 하는 방향이 어디인지 묻고 또 물었다. 내가 어디로 얼마만큼 갔을까? 다시 한 번 살아보려고 열심히 애쓰고 노력해도 아직도 갈 길이 멀다니? 이렇게 보잘것없는 내가 할 수 있는 것이 무엇이란 말인가? 그러나 나에게는 목적지와 방향이 도무지 보이지 않았다. 도대체 어디서부터 무엇이 잘못된 것일까? 언제까지 이렇게 살아야 하는가?

나는 50대 중반에 내 인생을 재구성하기로 마음먹고 스스로에게 다음과 같이 질문하고 답했다.

"걸음을 당장 멈출 수 있는가?"

"조각난 인생을 해결할 수 있다면 모든 것을 멈출 수 있다. 내 생각, 마음, 행동, 심지어 가족과 다른 사람들과의 관계까지 일정 기간 동안 멈출 것이다. 그리고 무엇을, 어떻게 해야 할지 바라보겠다. 미련 없이 멈추고, 되돌아서지 않겠다. 지금 멈추는 것이 내가 살길이다."

"앞으로 삶의 목적을 어디에 둘 것인가?"

"그동안 물질적인 풍요를 추구하며 살았다. 더 많이 갖고 싶었고, 남보다 빨리 잘살고 싶은 마음이었다. 실패하고 돌이켜보니 물질보다 더 소중한 삶이 있었다. 나를 존중하고, 삶의 가치를 세우고, 사람들과 잘 어울리는 것이었다. 과거에는 물질이 우선순위였다면, 앞으로는 공헌하는 삶을 우선순위에 둘 것이다."

"삶의 목적을 위해 무엇을 할 것인가?"

"공헌하는 삶을 살기 위해 실력과 자격을 갖춰야겠다. 신학을 배워 부족함을 채울 것이다. 의사소통과 감정 회복을 위해 상담과 코칭도 배우고 싶다. 상담학 석사, 박사 학위도 취득하고 싶다."

"다른 사람과 어떻게 협력할 것인가?"

"내 중심적이고 일방적이었던 자세를 바꿔야겠다. 상대의 의견이 나와 다르더라도 존중하고 새겨들을 것이다. 상대방의 말을 진심으로 경청할 것이다. 겸손한 자세와 일관성 있는 행동으로 먼저 손을 내밀고 싶다. 나를 기다리는 사람이 어딘가에 분명 있을 것이다. 나처럼 힘들어하고 아파하는 사람들과 함께하고 싶다."

나는 지난 10여 년 동안 배움에 매진했다. 모든 과정이 나를 단련시키는 스파링 무대였으며, 나를 다시 일으켜 세우기 위한 과정이었다. 인생을 새롭게 시작하기란 결코 쉽지 않았다. 우선 빨리 가려는 마음, 편히 가려는 마음을 내려놓아야 했다. 내가 바쁘게 내달린 생각의 걸음, 마음의 걸음, 행동의 걸음을 일단 멈춰야 했다.

이러한 과정을 통해 나는 높이 보고, 깊게 보고, 멀리 보기 시작했다. 높이 보는 것은 나의 꿈이었고, 깊게 보는 것은 내 삶의 가치와 의미였으며, 멀리 보는 것은 훗날의 내 모습이었다.

나는 이런 사람으로 기억되고 싶다

"30년 후 나는 어떤 사람으로 기억되고 싶은가?"라는 질문을 받는다면 이렇게 말하고 싶다.

그는 사랑이 가득한 참으로 따뜻한 사람이었다. 그는 아내를 귀하게 여기고 사랑하며 존중하는 다정한 남편이었다. 때로는 아내의 다른 의견에도 귀를 기울이며 긍정적으로 바라보는 좋은 친구였다. 아내의 얼굴에 웃음꽃이 피어나도록 인정과 칭찬이라는 양분을 공급하는 에너지였다. 아내 덕분에 행복한 가정을 이룰 수 있었음에 늘 감사하고 기념일을 놓치지 않은 세심한 벗이었다.

그는 자녀의 인성과 교육을 인생의 최우선 과제로 삼은 헌신적인 아버지였다. 끊임없이 노력하고 배우면서 자녀에게 스승과 코치의 역할을 다했다. 그는 자신의 과오를 자녀 앞에서도 솔직하게 인정했다. 자녀가 잘하거나 좋은 점을 발견하면 즉시 칭찬하고 격려해주었다. 경쟁보다는 가치를 더 소중하게 여기도록 가르쳤으며, 더 많은 기회를 주려고 노력한 좋은 아버지였다.

그는 소통 전문가로 재능을 기부하며 사람들의 행복한 삶을 위해 헌신했다. 열악한 환경에서도 결코 굴하지 않았으며, 인생의 끝자락에서도 희망의 끈을 붙잡고 배우기에 힘쓴 평생 학습자였다. 젊은이들과도 잘 통하는 사람이었으며, 그들에게 좋은 영향력을 발휘한 인생의 코치이자 상담자였다.

그는 세상의 빛과 소금의 역할을 몸으로 실천하는 목회자였으며, 다른 사람들의 마음을 먼저 헤아리려고 노력했다. 힘들고 지친 사람들을 웃음과 너그러움으로 감싸며 힘을 주는 사람이었다. 강자보다는 약자에게, 부자보다는 가난한 사람들에게 관심을 기울이고, 배움이 부족하거나 소외된 사람들에게 힘이 되는 겸손한 사람이었다.

가정과 일터와 사회가 건강하고 행복하게 변화할 수 있도록 먼저 본을 보이며 행동하는 사회 봉사자였다. 그는 의미 있는 삶의 가치를 지니고 있으며, 그가 행한 흔적들은 사람들의 기억에 오래도록 남을 것이다.

속도보다 중요한 것은 방향이다

지난날 나는 앞만 보고 달렸다. 잠을 자다가도 해야 할 일이나 아이디어가 떠오르면 온통 그 생각으로 밤을 새우기 일쑤였다. 생각하면 할수록 마음이 급해 날이 밝자마자 하루를 달음질쳤다. 내가 어디로 가고 있는지도 모른 채 무작정 달리기만 했다. 남보다 빨리 성공하고 싶었던 나는 오직 속도만을 생각했다.

그렇게 하면 마음먹은 것들을 이룰 수 있을 것 같았다. 그러나 뭔가 이루어질 것 같다가도 마지막에 돌아오는 것은 후회와 실속 없는 결과뿐이었다. 사람들은 그런 나를 보고 이렇게 말했다.

"너무 급하다."

"너무 앞서간다."

"신중하지 못하니까 실속이 없다."

나는 사람들의 충고를 받아들이지 않았다. 오히려 나를 이해하지 못하는 그들이 답답하고 시대에 뒤처지는 사람들이라고 생각했다. 나는 다른 관점을 지닌 사람들과 원활하게 소통하지 못했다.

어느 날 『탈무드』에서 「나그네와 마부」 이야기를 읽게 되었다. 마치 방향을 잡지 못하고 급히 내달리기만 했던 나를 두고 지은 이야기 같았다.

한 나그네가 길을 가다가 마차를 만났다.

나그네는 다리가 너무 아파서 마차를 태워달라고 부탁했다.

마부는 기꺼이 나그네를 태워주었다 .

나그네가 마부에게 물었다.

"여기서 예루살렘까지는 얼마나 걸리나요?"

마부가 대답했다.

"이 정도 속도라면 30분 정도 걸리지요."

나그네는 마부에게 고맙다는 인사를 하고 깜박 잠이 들었다 깨어보니 30분 정도 지나 있었다.

"예루살렘에 다 왔나요?"

"여기서는 1시간 거리입니다."

"아니, 아까 30분 거리라고 했는데, 30분이 이미 지났잖아요."

마부가 말했다.

"이 마차는 반대 방향으로 가는 길입니다."

그동안 나는 많은 것들을 빨리 이루고자 발버둥치면서 사실은 다람쥐 쳇바퀴 돌듯 하고 있었다. '속도보다 중요한 것은 방향'이다. 올바른 방향으로 가고 있다면 조금 늦더라도 목적지에 이를 수 있다. 그러나 엉뚱한 방향으로 간다면 아무리 속도가 빨라도 결코 목적지에 도착할 수 없다.

철학자 괴테는 "인생은 속도가 아니라 방향이다"라고 말했다. 우리는 무엇이든지 '빨리' 하는 것에 익숙하다. 발등에 불이 떨어진 것처럼 서두르느라 목적지와는 반대 방향으로 가고 있다는 사실을 모른다. 목적지에 도달하는 방법은 속도가 아니라 방향이 결정한다.

" 어떻게 하면 변화될 것인가? "

사람들의 시선을 의식하지 않는다

사람들은 마음먹은 일이 제대로 되지 않거나, 난관에 부딪히면 쉽게 포기하는 경향이 있다. 그러다 평정심을 잃고 좌절감에 사로잡혀 무릎을 꿇는다. 특히 오랫동안 문제가 해결되지 않거나 긴 고통 속에 살아온 사람들은 주어진 환경과 현실에 순응하기 쉽다.

인생을 살아가면서 자신의 뜻대로 되는 일이 얼마나 있겠는가? 누구나 한 번쯤은 인생의 거친 파도와 난관을 거치게 마련이다. 어쩌다 실수를 하기도 하고, 실패로 깊은 낭떠러지에 떨어질 수도 있다. 평소에 알고 지내던 사람들도 이런 모습을 보면 수군거리기 시작한다.

나도 사람들의 입에 오르내리는 것이 싫어서 한동안 사람들을 만나지 않았다. 사업에 실패하고 온갖 소리에 마음이 위축됐다. 인생의 어두운 터널을 지나고 있을 때 주위 사람들이 원망스럽고 희망이 보이지 않아 모든 것을 포기하고 싶었다. 그 무렵 한남대학교에 걸린 플래카드가 내게 힘과 용기를 북돋워주었다.

겁내지 마라.
아무것도 시작하지 않았다.
걱정하지 마라.
아무에게도 뒤지지 않았다.
조급해하지 마라.
이제부터 시작이다.

그 글을 보는 순간 절망감으로 방황하기에 아직은 인생이 아깝다는 생각이 들었다. 또 다른 고난과 어려움이 찾아오더라도 지금에 비하면 아무것도 아니라는 마음도 솟아났다. 나는 삶의 모든 것을 처음부터 다시 시작하기로 결단하고 이렇게 다짐했다.

"석고야! 뭘 망설이고 있니? 언제까지 주춤거리기만 할 거야?"

"그래! 너무나 오랫동안 나를 묻어놨어. 나만 어려움을 겪고 사는 게 아니야. 누구나 한 번쯤 실패하게 마련이야. 조금은 늦을 수도 있어. 그래도 괜찮아. 기회는 반드시 찾아올 거야!"

그 후 나는 만학의 꿈을 이루기 위해 배움에 집중했다. 휴대폰을 바꾸고 저장된 전화번호를 모두 지워버렸다. 다른 사람들의 시선을 의식하지 않고 의지를 불태웠다.

강점이 나를 오뚝이로 만들었다

"다른 사람들 눈에는 내가 어떻게 보일까?" "다른 사람들은 나를 어떻게 생각할까?"라며 타인의 시선을 의식한다. 주위 시선에서 자유롭고 싶지만 자신의 삶을 산다는 것이 생각처럼 쉽지 않은 일이다.

"어떻게 하면 변화될 것인가?"는 자신이 풀어야 할 숙제이다. 우리가 불행한 것은 환경 때문이 아니라 선택과 집중을 할 용기가 부족하기 때문이다. 과거는 과거일 뿐이며, 현재인 '지금'에 집중해야 더 나은 미래가 다가온다. 건강한 사람은 현재 자신의 삶을 당당하게 내보인다.

자신의 삶이나 상황을 바꾸고자 하는 사람은 자신감으로 충만하다. 변화에 도전하는 용기가 있다면 삶은 더 풍성하고 행복할 것이다. 누구도 자신의 삶을 대신 살아줄 수 없다. 도움을 줄 수 있을지언정 삶은 오롯이 자신의 몫이다.

철학자인 기시미 이치로와 고가 후미타케는 아들러(Alfred Adler) 심리학을 기반으로 쓴 『미움받을 용기』에서 "모든 고민은 인간관계에서 비롯된다. 타인에게 미움받는 것을 두려워하지 마라. 모든 것은 용기의 문제다"라고 강조하면서 다음과 같이 말했다.

인간관계의 중심에 경쟁이 있으면 인간은 영영 인간관계에 대한 고민에서 벗어나지 못하고 불행에서 벗어날 수 없다. 그렇기 때문에 행복해 보이는 사람을 진심으로 축복할 수 없다. 그것은 인간관계를 경쟁으로 바라보고 타인의 행복은 자신의 패배로 받아들이기 때문이다. 중요한 것은 무엇이 주어졌느냐가 아니라 주어진 것을 어떻게 활용하느냐이다. 생활양식이 선천적으로 주어진 것이 아니라 스스로 선택한 것이라면 다시 선택하는 것도 가능하다. 자신이 변하지 않는 것은 스스로 변하지 않겠다고 결심했기 때문이다. 사람은 누구나 변할 수 있으며, 행복해질 수 있다.

지난날의 내 삶은 참으로 고단했다. 그러나 삶의 변화를 위해 배움을 선택하고 부단한 노력을 기울였다. '나는 할 수 있다'는 확신으로 강점에 초점을 두고 변화를 갈망했다. 마틴 셀리그만이 개발한 강점 검사(VIA)를 통해 나의 성격적인 강점은 영성, 사랑, 인내, 희망, 친절, 진실성, 통찰력이라는 것을 알았다. 이런 나의 강점이 삶의 원동력과 에너지가 되었고, 나는 오뚝이처럼 일어설 수 있었다.

자기실현과 행복한 삶

자기실현과 행복한 삶을 위해서는 자신의 강점을 잘 이해하고 활용하는 것이 무엇보다 중요하다. 성격 강점을 긍정심리학에 도입한 마틴 셀리그만은 "자신의 강점을 발견하여 개발하면 그것이 자신의 참다운 모습이 된다. 행복한 삶이란 자신의 대표 강점을 찾아 일상에서 활용하는 것이다"라고 말했다.

마틴 셀리그만은 『긍정심리학』에서 인간의 덕목을 지혜와 지식, 용기, 사랑과 인간애, 정의감, 절제력, 영성과 초월성, 6가지로 분류하고, 각 덕목별로 개인의 성격 강점을 24가지로 세분화하여 다음과 같이 제시했다.

지혜와 지식

더 나은 삶을 위해 지식을 습득하고 활용하는 것과 관련된 인지적 강점이다. 가장 기본적인 발달 단계인 호기심부터 학구열, 판단력, 창의성, 예견력, 5가지 성숙 단계를 거친다.

용기

내적·외적 난관에 직면하더라도 추구하는 목표를 성취하고자 하는 의지를 실천하는 강점들이다. 성공한다는 확신이 없을지라도 가치 있는 목적을 위해 굳은 의지를 발휘하는 힘이다. 용기와 관련된 강점은 용감성, 끈기, 정직, 열정, 4가지로 구분된다.

사랑과 인간애

가족, 친구, 직장 동료들은 물론 낯선 사람들과도 따뜻한 마음을 나누는 것이다. 다른 사람을 보살피고 친밀해지는 것과 관련된 강점들로 사랑, 친절, 사회적 지능, 3가지가 속한다.

정의감

시민으로 행동할 때 나타나는 강점이다. 일대일 관계를 넘어서 가족, 지역, 나라, 세상과 같은 넓은 사회관계에서 발휘된다. 공동체 구성원의 평등성과 공평성을 실현하는 데 필요한 사회적 강점들로 팀워크, 공정성, 리더십, 3가지가 속한다.

절제력

잘못한 사람을 용서하고 만회할 기회를 주며, 자신이 맡은 일을 훌륭히 완수하는 능력으로, 충동적이지 않고 사려 깊게 행동한다. 지나치거나 극단적인 독단에 빠지지 않게 함으로써 우리를 보호하는 기능을 하는 강점들로 용서, 겸손, 신중함, 자기통제력, 4가지가 속한다.

영성과 초월성

더 크고 영원한 것에 닿는 정서적 강점을 의미하며, 다른 사람들, 미래, 진화, 신 또는 우주에 닿아 있는 것이다. 행위와 경험으로부터 인생의 의미를 발견하고 우주와의 연결을 느끼도록 하는 강점으로 감상력, 감사, 희망, 유머, 영성, 5가지가 속한다.

언어 지능, 공간 지능, 예술적 재능, 운동 능력, 강인한 체력 등은 개인의 탁월한 능력으로 재능에 속한다. 강점과 재능은 다르다. 재능은 강점만큼 개발하기가 쉽지 않다. 재능은 운동이나 음악처럼 기계적으로 습득하지만, 강점은 자율적 의지로 결정된다. 자신의 재능이 다른 사람과 비교했을 때 뒤처진다면 둘 중 하나다. 재능을 제대로 발휘하지 못하거나, 상대적으로 재능이 뛰어나지 않은 것이다. 재능은 노력하면 어느 정도 늘릴 수 있지만, 선천적으로 탁월한 재능을 가진 사람을 뛰어넘기는 힘들다.

66

잘 놀아야 잘산다

99

재미, 흥미, 의미

사람은 태어나면서 죽을 때까지 놀이를 한다. 우리는 다양한 놀이를 통해 사람들과 어울리며 관계를 맺는다. 노는 것을 시간 낭비로 여기는 사람들도 있다. 그러나 단순히 노는 것이 아니라 재충전을 위한 여가 활동으로 바라봐야 한다.

논다는 것은 유희(遊戱)와 놀이로 나눌 수 있다. 유희는 쾌락이나 재미를 위한 것으로 시간과 물질을 비생산적인 활동에 사용하는 것이다. 하지만 놀이는 사람들과 함께 어울리거나 개인적 보상을 통해 재충전을 하는 활동이다. 재미, 흥미, 의미라는 3가지 특징을 지닌 놀이는 최고의 의사소통 훈련이라고 할 수 있다.

첫째, 재미는 즐거움이다

자신도 즐겁고 다른 사람도 즐거워야 서로 마음의 문을 활짝 연다. 자신만 즐겁고 다른 사람은 즐겁지 않다면 상대방은 마음의 문을 닫는다. 서로 즐거우면 시간 가는 줄 모르고 몰입할 수 있다. 재미는 서로의 마음을 열게 하는 열쇠와 같다.

둘째, 흥미는 관심이다

놀이로 관계를 형성하려면 공통의 관심사가 있어야 한다. 혼자만 좋아하는 놀이는 다른 사람들이 기꺼이 참여하기 힘들다. 사람들은 공통의 관심사에 흥미를 느끼고 마음을 열어 관계를 맺는다. 이러한 공통 관심사를 통해 서로에 대한 호감과 신뢰를 가지면 의사소통이 원활해진다. 흥미는 서로의 마음을 연결하는 끈과 같다.

셋째, 의미는 가치다

진정한 놀이에는 재미와 흥미 외에 긍정적이고 행복한 삶의 가치가 있다. 우리는 궁극적으로 행복한 삶을 살아가기 위해 노력한다. 행복에 대한 선호나 기준은 사람마다 다르다. 놀이를 통해 어울리면서 자신과 타인의 가치를 발견하고 서로 존중하는 통합적 사고를 하게 된다. 의미는 서로의 가치를 세워주는 깃발과 같다.

잘 놀 줄 아는 사람들이 관심을 끈다. '잘 놀 줄 안다'는 것은 사람들과 정서적 교감을 잘한다는 의미다. 이들은 다른 사람들의 재미, 흥미, 의미를 공유하는 능력이 뛰어나다. 잘 놀 줄 아는 사람이 의사소통 능력도 뛰어나기 때문에 사람들의 마음을 사로잡을 수 있다. 정서적인 교감 능력은 의사소통에서 가장 핵심적인 역할을 한다. 따라서 소통력을 향상하려면 잘 놀 줄 알아야 한다.

우리의 삶은 브레이크 없는 자동차와 같다

우리는 권력이나 명예, 재산과 지위, 연봉 등으로 성공을 평가할 수 없다고 말하면서도 여전히 이러한 것을 성공의 기준으로 삼는다. 사람들은 성공에 매달려 너무나 바쁘게 살아간다. 성공했거나 성공을 추구하는 사람들은 바쁘게 움직인다. 그러나 바쁘게 산다고 해서 모두 성공하는 것은 아니다.

그런데도 모든 사람들은 성공을 향해 질주한다. 세상은 온통 성공한 사람들의 이야기로 들썩거린다. 성공한 사람들의 습관을 배우기 위해 노력한다. 청소년들은 학업에 정신이 없고, 청년들은 자신의 진로에 인생을 걸고 경쟁한다. 직장인들은 성과를 올리는 데 여념이 없고, 자영업을 하는 소상공인들은 먹고살기에 바쁘다. 우리는 잠시의 여유로움조차 없이 하루하루를 살아가고 있다. 자동차 왕으로 불리는 헨리 포드가 던진 메시지를 새겨볼 필요가 있다.

"사람은 일을 하기 위해 세상에 태어난다. 사람은 자기 능력에 맞게 하고 싶은 일을 할 때 가장 빛난다. 하지만 일만 알고 휴식을 모르는 사람은 브레이크 없는 자동차와 같이 위험하다."

우리는 자신의 욕구와 목표를 위해 치열한 경쟁을 하며 살아간다. 서로 경쟁하느라 주위를 돌아볼 여유조차 없다. 우리 모두는 더 나은 삶을 위해 노력하지만, 정작 일에 몰두하느라 몸과 마음이 지쳐가고 있다.

성공했지만 불행한 사람들의 7가지 습관

성공한 사람들이 모두 행복한 것은 아니다. 성공했지만 자신을 불행하게 만드는 습관 때문이다. 문화심리학자 김정운 교수는 『노는 만큼 성공한다』에서 성공할수록 바빠지는 사람들의 7가지 습관을 밝혔다.

제1습관 : 세상은 오직 두 종류의 인간만 있다

'성공했지만 불행한 사람'은 세상을 먹느냐 먹히느냐로 파악한다. 세상에는 오직 승자와 패자 두 종류의 인간만이 있다고 생각한다. 세상은 잔인한 생존 경쟁의 연속이라는 것이다. "여유, 즐거움, 휴가가 좋은 것임을 누가 모르겠나. 하지만 남들 놀 때 다 놀면 결코 성공할 수 없다. 세상은 만만한 곳이 아니다"라며 자신을 내몬다.

제2습관 : 절대 감정을 드러내지 않는다

'성공했지만 불행한 사람'은 자신의 감정을 드러내지 않는다. 세상을 냉소적이며 적대적으로 바라보는 습관이 몸에 배어 있다.

우선 다른 사람을 믿지 못한다. 인간은 근본적으로 배신하게 되어 있다고 생각한다.

제3습관 : 빈 시간, 빈 공간을 두려워한다

'성공했지만 불행한 사람'은 여백을 두려워한다. 빈 공간에 혼자 남아 있거나 약속 시간에 틈이 생기면 매우 곤혹스러워한다. 비어 있다는 것은 지루하거나 괴로울 따름이다. 가족과 함께하는 시간도 비어 있는 시간으로 여긴다. 그러다 보니 즐거움보다는 지루함이 앞선다.

제4습관 : 주의 집중 장애에 시달린다

'성공했지만 불행한 사람'은 주의 집중 장애라는 이상 심리 장애에 시달린다. 주의 집중이란 자신의 다양한 감각기관을 통해 들어오는 수많은 정보 자극을 적절히 선택할 수 있는 능력을 뜻한다. 그러나 성공한 사람들은 모든 일을 성공과 관련시켜 생각할 뿐 정말 중요한 것에 집중하지 못한다.

제5습관 : 현재보다 과거와 미래에 산다

'성공했지만 불행한 사람'은 현재보다 과거와 미래에 집착한다. 항상 이루지 못한 것, 실수한 것에 대한 후회로 우울하다. 앞으로 일어날 일들에 대한 걱정으로 어쩔 줄 모른다. 걱정으로 수면 장애에 시달리고, 몸과 마음이 항상 따로 논다. 일터에서는 집안일 걱정, 집에서는 일 걱정에 시달린다.

제6습관 : 여러 가지 일을 동시에 해내야 마음이 편하다

'성공했지만 불행한 사람'은 여러 가지 일을 동시에 해야 한다고 생각한다. 시간은 금이기 때문에 한 번에 여러 가지 일을 처리해야 남들보다 앞서갈 수 있다고 생각한다. 그들에게 '쉰다는 것', 즉 '아무것도 생산하지 않는다는 것'은 있을 수 없는 일이다. 그들은 여러 가지 일을 동시에 해야 마음이 편하다.

제7습관 : 자기 관리에 비정상적으로 집착한다

'성공했지만 불행한 사람'의 관심은 온통 다이어트, 성공을 위한 처세술, 세련된 외모와 매너 관리에 집중되어 있다. 그들은 스트레스 관리에 특별히 관심을 갖는다. 그들에게 스트레스는 관리의 대상일 뿐이며, 스트레스의 원인을 찾아 해결하는 것이 아니라 최소화하는 것에만 관심을 둔다.

워라밸(work-life balance)이 새로운 라이프스타일로 떠오르고 있다. 워라밸은 일(work)과 개인의 생활(life)이 조화롭게 균형을 이루는 상태를 의미한다. 조화로운 삶을 이루기 위해 여가를 적절히 활용해 함께 어울릴 수 있는 놀이를 찾아야 한다. 성공보다 더 중요한 것은 균형 있는 삶을 위해 재미, 흥미, 의미 있는 놀이와 여가 활동을 하는 것이다. 잘 놀아야 잘산다.

TIP

자신과 소통하라

문제가 술술 풀리는 셀프 대화

자기 인식을 위한 가장 효과적인 방법은 자신에게 스스로 질문을 던지고 답하는 것이다. 나는 그동안 질문과 대답을 계속하면서 인생의 방향을 점검했다. 이러한 습관이 하루하루 쌓여 인생의 발자취와 흔적이 남기 때문이다.

나는 매일 일과를 시작하기 전, 5분 정도 셀프 코칭을 한다.

"오늘은 어떤 의미가 있을까?"

"어떤 만남이 있을까?"

"가장 중요한 일은 무엇이지?"

"어제의 상황이 오늘 어떤 영향을 미칠까?"

"오늘은 무엇을 어떻게 해야 하지?"

그리고 하루를 마친 뒤에는 반드시 셀프 대화를 한다.

"오늘 하루는 어땠어?"

"만남은 어떤 의미가 있었어?"

"오늘 좋았던 것과 아쉬운 점은 뭐야?"

"오늘이 내일에 어떤 영향을 미칠까?"

"오늘이 내 꿈에 어떤 영향을 주었어?"

"오늘 수고 많았어. 내일은 오늘보다 더 빛날 거야!"

이 같은 셀프 대화는 내 인생의 정체성과 삶의 가치를 인식하도록 붙들어주었다. 가끔은 깊이 생각하거나 중요한 것을 선택하고 집중해야 할 때가 있다. 그럴 때 나는 아래와 같은 셀프 대화에 집중한다. 이렇게 셀프 대화를 마치고 나면 스스로 정리되는 것들이 많다. 때로는 굳이 내가 하지 않아도 되는 것들이 자연스럽게 정리된다. 셀프 대화를 깊이 할수록 문제가 술술 풀린다.

- 어떤 일을 할 때 행복을 느끼는가?
- 인생의 핵심 가치는 무엇인가?
- 정말 하고 싶은 것은 무엇인가?
- 얼마나 수용적인 태도를 갖고 있는가?
- 나는 어떤 인성을 가진 사람인가?
- 어떤 사람으로 기억되기를 바라는가?
- 지금의 자신을 어떻게 평가할 수 있는가?
- 어떤 꿈을 꾸고 있는가? / 꿈 너머의 꿈은 무엇인가?
- 남들보다 잘하는 것은 무엇인가?
- 망설이게 하는 것은 무엇인가? / 해결 방안은 무엇인가?
- 다른 사람들에게 자신을 얼마나 개방하는가?

『손자병법』에 "지피지기(知彼知己)면 백전불태(白戰不殆)"라는 말이 나온다. "상대의 사정과 나의 사정을 알면 백 번 싸워도 위태롭지 않다"는 뜻이다. 이것은 "나와 상대를 알면 소통이 수월하다"는 의미로 재해석할 수 있다. 실패하지 않는 삶을 위해 나를 알고 상대를 알아야 한다. 자신에 대한 끊임없는 질문과 답을 통해 조금씩 해답을 찾을 수 있다.

장점은 극대화하고, 약점은 최소화하라

우리는 소통을 통해 사람들과 관계를 맺고, 자신에게 필요한 것을 얻는다. 건강한 인간관계를 위해서 먼저 자신과 타인의 행동 유형을 아는 것이 유익하다. 인간관계에서 자신과 타인이 어떤 행동 스타일을 가지고 있는지 확인함으로써 서로의 장점과 약점을 발견하고 보완할 수 있다. 그러나 대부분의 사람들은 대인관계에서 자신을 알기 위해 노력하기보다 먼저 상대방을 파악하는 데 집중한다. 이는 상대방을 경쟁 대상으로 생각하기 때문이다.

미국의 심리학자 윌리엄 몰튼 마스톤의 인간 행동 유형에 관한 이론을 기반으로 DISC 모델이 개발됐다. 행동 유형에 따라 주도형(Dominance), 사교형(Influence), 안정형(Steadiness), 신중형(Conscientiousness), 4가지로 분류되며 일반적 특징은 다음과 같다.

'주도형'은 지배적이고 행동과 결정이 빠르고 독단적이며 결단력이 있다. 목표한 바를 추진하는 속도가 빠르고 주변 사람들을 설득하고 함께 일하도록 독려하는 데도 탁월하다. 결과가 빨리 나오고 가시적인 성과가 있는 일을 선호한다.

'사교형'은 주도형과 마찬가지로 행동이 빠르며 자신이 생각하는 것을 바로 표현한다. 예술적인 성향이 강하고, 언변이 뛰어나며, 즉흥적인 일을 좋아한다. 낙관적이고 밝은 분위기를 만들며, 주변 사람들에게 활력을 불어넣고, 칭찬과 격려를 잘한다.

'안정형'은 감성적이며 안정적인 상황과 편안함을 중시하며, 수줍음이 많고 예민한 편이다. 사람 중심의 따뜻한 마음을 가지고 있어 봉사활동을 좋아하고, 조심스런 성향으로 가까운 사람들과 좁고 깊은 인간관계를 맺는다.

'신중형'은 논리적이고 신중하며, 데이터 분석, 통계와 같이 숫자를 다루는 일, 정밀성과 정확성을 요구하는 일을 잘한다. 조용하고 부드러운 성격이 특징이며, 완벽하게 이해하고 분석한 후 일을 시작하기 때문에 속도가 느린 것처럼 보이지만, 일단 시작한 후에는 속도가 빠르다. 조직을 이끌어나가는 능력이 있다.

사람들은 다른 사람을 대할 때 장점보다는 약점을 보려고 한다. 특히 자신과 다른 성향을 가진 사람들을 대할 때 더욱 그렇다. 그리고 갈등이 생겼을 때 자신은 양보하지 않으면서 상대가 양보해주기를 바란다. 모든 사람은 장점과 약점을 가지고 있다. 의사소통 능력을 향상하기 위해서는 자신과 상대방의 장점을 극대화하고, 약점은 최소화하려고 노력해야 한다.

| DISC 행동 유형의 특징 |

구분	주도형(D)	사교형(I)	안정형(S)	신중형(C)
기본 성향	속도 빠름 일 중심적	속도 빠름 사람 중심적	속도 느림 사람 중심적	속도 느림 일 중심적
장점	결단력 있는 책임감 결과를 얻음 자신감 독립적 모험	즐거워함 폭넓은 관계 열정적 감성적 낙천적 좋은 대화 기술	참을성 있는 느긋한 팀워크가 좋음 조용한 영향력 꾸준하고 안정적 원만한 대인관계	정확함 분석적 세부 사항에 주의함 높은 기준 유지 객관적 절제된
보완점	참을성 없는 고집 센 거친	정돈 부족 치밀하지 못함 비현실성	결단력 없음 양보하는 수동적 민감	비판적 완벽주의 과도한 지적
의사소통	핵심 사항 직선적 일방적으로 말함	긍정적 영감을 줌 설득력 있음	쌍방향 대화 경청하는 감정을 이해하는 피드백 제공	외교적 예리한 관찰자 세부 사항 제공
두려움	이용당하는 것	사회적으로 인정받지 못함	안정성 상실	일에 대한 비판 불합리한 행동
선호하는 언어	감탄, 찬사	수용과 인정	감사	확인
압력 아래에서	독재적 공격적 많이 요구함	감정적 공격적	묵인 허용 순종하는	회피하고 후퇴하여 전략을 세움
의사 결정	빠름 결과에 초점 적은 사실에 근거해 결정	충동적 옳다고 느끼는가	관계적 사람을 믿음	많은 정보가 필요 마지못해 함
필요로 하는 것	도전 변화 선택 솔직한 답변	재미있는 활동 사회적 인정 세부적인 것에서 자유로움	변화에 적응 시간, 진실한 감사 현상 유지 안정	질 높게 일할 시간 사실을 분석할 시간
재충전	육체적인 활동	다른 사람과 친교	휴식	개인적인 시간

[참고문헌]

- 『기독교인의 자기결정성이 기질적 낙관성과 설명양식 낙관성에 미치는 영향 : 인구통계학적 특성을 중심으로』, 홍석고, 한남대학교 박사 학위 논문, 2019.
- 『101가지 코칭 전략과 기술』, 글래디나 맥마흔, 앤 아처(McMahon, G., & Archer, A.), 김민영·한성지 옮김, 코쿱북스, 2016.
- 『3CS I Basic』, 박정영, 보명BOOKS, 2017.
- 『5가지 사랑의 언어』, 게리 채프먼(Chapman, G.), 장동숙·황을호 옮김, 생명의 말씀사, 2017.
- 『가족관계학』, 유영주, 김순옥, 김경신, (주)교문사, 2010.
- 『감성의 리더십』, 다니엘 골먼, 리처드 보이애치스, 애니 맥키(Goleman, D., Boyatzis, R., & McKee, A.), 장석훈 옮김, 청림출판, 2015.
- 『감정 읽기』, 칼라 매클래런(McLaren, K.), 전혜영 옮김, 지식의숲, 2014.
- 『강점 코칭으로 삶을 디자인하라』, 선혜영, 북랩, 2016.
- 『강점에 올인하라』, 도널드 클리프턴, 폴라 넬슨(Clifton, D. O., & Nelson, P.), 홍석표 옮김, 솔로몬북, 2007.
- 『게리 콜린스의 코칭 바이블』, 게리 콜린스(Collins, G. R.), 양형주·이규창 옮김, 한국기독학생회출판부, 2012.
- 『결혼과 가족』, 미래가족연구회, 김양희, 전세경, 문영소, 이영세, 양서원, 2011.
- 『공감하는 능력』, 로먼 크르즈나릭(Krznaric, R.), 김병화 옮김, 더퀘스트, 2014.
- 『그릿(GRIT)』, 앤절라 더크워스(Duckworth, A.), 김미정 옮김, 비즈니스북스, 2016.
- 『긍정 동기부여』, 케논 쉘던(Sheldon, K.), 송단비 옮김, 블룸컴퍼니, 2017.
- 『긍정심리학』, 권석만, 학지사, 2008.
- 『긍정심리학』, 마틴 셀리그만(Seligman, M. E. P.), 김인자·우문식 옮김, 물푸레, 2014.
- 『긍정심리학 코칭 기술』, 로버트 B. 디너(Diner, R. B.), 우문식·윤상운 옮김, 물푸레, 2011.
- 『긍정의 발견』, 바버라 프레드릭슨(Fredrickson, B.), 최소영 옮김, 21세기북스,

2009.

- 『긍정의 힘』, 조엘 오스틴(Osteen, J.), 엔터스코리아 옮김, 두란노, 2005.
- 『낙관성 훈련(상·하)』, 마틴 셀리그만(Seligman, M. E. P.), 박노용·김혜성 옮김, 오리진, 1996.
- 『낙관적인 아이』, 마틴 셀리그만(Seligman, M. E. P.), 김세영 옮김, 도서출판 물푸레, 2010.
- 『내 인생에 힘이 되어준 한마디』, 정호승, 비채, 2006.
- 『내 인생을 변화시키는 소통의 기술』, 정병태, 넥스웍, 2014.
- 『네 안에 잠든 거인을 깨워라』, 앤서니 라빈스(Robbins, A.), 이우성 옮김, 씨앗을뿌리는사람, 2006.
- 『노는 만큼 성공한다』, 김정운, 21세기북스, 2011.
- 『누가 회사에서 인정받는가』, 박태현, 책비, 2015.
- 『드러커 100년의 철학』, 피터 F. 드러커(Drucker, P. F.), 남상진 옮김, 청림출판, 2004.
- 『라이프 코치가 되는 법』, 패트릭 윌리엄스, 데보라 데이비스(Williams, P., & Davis, D. C.), 조윤정 옮김, 아시아코치센터, 2008.
- 『라이프 코칭 가이드』, 로라 휘트워스, 헨리 킴지하우스(Whitworth, L., Kimsey-House, H.), 박현준 옮김, 아시아코치센터, 2012.
- 『리더십 이론과 실제』, 피터 노스하우스(Northouse, P. G.), 김남현 옮김, 경문사, 2014.
- 『마음의 작동법』, 에드워드 L. 데시, 리처드 플래스트(Deci, E. L., & Flaste, R.), 이상원 옮김, 에코의서재, 2011.
- 『말재주』, 판홍성, 김경숙 옮김, 다연, 2019.
- 『모르고 사는 즐거움』, 어니 젤린스키(Zelinski, Ernie J.), 박주영 옮김, 중앙 M&B, 1997.
- 『문화적 다양성과 소통하기』, 패멀라 A. 헤이스(Hays, P. A.), 방기연 옮김, 한울, 2010.
- 『미움받을 용기』, 기시미 이치로, 고가 후미타케, 전경아 옮김, 인플루엔셜, 2014.
- 『부부 상담과 치료』, 롱 린, 마크 영(Long, L. L., & Yong, M. E.), 이정연 옮김, 센게이지러닝코리아, 2009.

- 『부하의 능력을 열두 배 키워주는 마법의 코칭』, 에노모토 히데타케, 황소연 옮김, 새로운제안, 2004.
- 『불가능한 변화는 없다』, 앤서니 그랜트, 제인 그린(Grant, A., & Greene, J.), 박수철 옮김, 마이넌, 2003.
- 『사람들은 왜 나를 오해할까?』, 켄 보그스, 론 브라운드(Voges, K., & Braund, R.), 김영회·이경준 옮김, 디모데, 2012.
- 『사람들이 따르고 싶은 리더의 조건』, 존 F. 맥아더(Macarthur, J.), 윤종석 옮김, 디모데, 2007.
- 『사람을 읽는 힘 DISC』, 메릭 로젠버그, 대니얼 실버트(Rosenberg, M., & Silvert, D.), 이미정 옮김, 베가북스, 2013.
- 『사회복지실천론』, 양정남·최선령, 양서원, 2010.
- 『살아 있는 동안 꼭 해야 할 49가지』, 탄줘잉, 김명은 옮김, 위즈덤하우스, 2004.
- 『성공하는 사람들의 1% 다른 소통의 기술』, 이정훈, 리더북스, 2012.
- 『성공하는 사람들의 7가지 습관』, 스티븐 코비(Covey, S.), 김경섭 옮김, 김영사, 2005.
- 『스탠드아웃 강점 활용의 기술』, 마커스 버킹엄(Buckingham, M.), 이진원 옮김, 청림출판, 2013.
- 『어떻게 원하는 것을 얻는가』, 스튜어트 다이아몬드(Diamond, S.), 김태훈 옮김, 8.0(에이트 포인트), 2012.
- 『영혼을 위한 닭고기 수프 1』, 잭 캔필드, 마크 빅터 한센(Canfield, J., & Hansen, M. V.), 류시화 옮김, 푸른숲, 2016.
- 『인간관계는 소통과 설득이다』, 데일 카네기, 퀸튼 신들러(Carnegie, D., & Schindler, Q.), 이경남·권오현 옮김, 책공방, 2012.
- 『임파워링하라』, 박창규, 넌참예뻐, 2015.
- 『전인건강』, 하워드 클라인벨(Clinebell, H.), 이종헌·오성춘 옮김, 성장상담연구소, 2012.
- 『제4차 산업혁명』, 클라우스 슈밥(Schwab, K.), 송경진 옮김, 새로운현재, 2016.
- 『질문의 7가지 힘』, 도로시 리즈(Leeds, D.), 노혜숙 옮김, 더난출판, 2016.
- 『최고의 리더는 사람에 집중한다』, 수전 파울러(Fowler, S.), 박영준 옮김, 가나출판사, 2015.
- 『코액티브 코칭』, 헨리 킴지하우스, 카렌 킴지하우스, 필립 샌달, 로라 휘트워스

(Kimsey-House, H., Kimsey-House, K., Sandahl, P., & Whitworth, L.), 김영
순·임광수 옮김, 김영사, 2016.

- 『코칭 리더십』 존 휘트모어(Whitmore, J.), 김영순 옮김, 김영사, 2008.
- 『코칭 심리학』 스티븐 팔머, 앨리슨 와이브로(Palmer, S., & Whybrow, A.), 정
  석환 옮김, 코쿱북스, 2016.
- 『코칭의 기술』 미샬 쿡(Cook, M.), 서천석 옮김, 지식공작소, 2003.
- 『코칭학 개론』 이소희, 길영환, 도미향, 김혜연, 신정, 2016.
- 『크리스천 리더십 챌린지』, 제임스 쿠제스, 베리 포스너(Kouzes, J. M., &
  Posner, B. Z.) 외, 정옥배 옮김, 디모데, 2009.
- 『퇴직자의 근속 시간에 대한 연구』 이규원, 한국기술교육대학교 테크노인력개
  발대학원 석사 학위 논문, 2019.
- 『티핑 포인트』 말콤 글래드웰(Gladwell, M.), 임옥희 옮김, 21세기북스, 2011.
- 『프로페셔널의 조건』 피터 F. 드러커(Drucker, P. F.), 이재규 옮김, 청림출판,
  2001.
- 『피드백 이야기』 리처드 윌리엄스(Williams, R.), 이민주 옮김, 토네이도, 2011.
- 『피플 퍼즐』 디모데성경연구원, 월드티치, 2013.
- 『함께 승리하는 리더』 존 맥스웰(Maxwell, J.), (주)웨슬리 퀘스트 옮김, 디모데,
  2011.
- 『행복은 만드는 것이다』 우문식, 물푸레, 2019.
- 『행복한 결혼 건강한 가족』 데이비드 올슨, 존 드프레인, 에이미 올슨(Olson, D.
  H., DeFrain, J., & Olson, A.), 21세기가족문화연구소 편역, 양서원, 2007.
- 『현대인과 성서』 한남대학교 탈메이지교양교육대학 교재개발위원회, 글누리,
  2019.
- 『협상의 달인』 에드 브로도(Brodow, E.), 김현정 옮김, 민음인, 2010.
- 『회복력의 7가지 기술』 캐런 레이비치, 앤드류 샤테(Reivich, K., & Shatte, A.),
  우문식·윤상운 옮김, 물푸레, 2014.

북큐레이션 • 원하는 곳에서 꿈꾸고, 가슴 뛰는 삶을 살고 싶은 이들을 위한 책

『불통이 불만입니다』와 함께 읽으면 좋을 책. 다른 사람과 소통하며 살아가고 자신의 삶을 더 좋은 방향으로 바꾸고자 노력하는 사람이 세상의 주인공이 됩니다.

스피치로
나를 브랜딩 하기

나를 브랜딩하는 스피치 기술

이명희 지음 | 14,500원

자신의 가치를 높이고
소통력을 키우는 스피치의 기술

스펙도 넘치고 외모도 근사한 데다 직업도 좋은데 사람들에게 호감을 주지 못하고 인정받지 못한다면 자신의 스피치 능력과 듣는 자세를 돌아보자. 이 책은 '제대로' 말하는 법은 물론이고 스스로를 적절히 표현해서 자존감을 높이고 존재감을 드러내어 실력을 제대로 인정받는 법까지 구체적으로 안내해준다. 멋으로 치장하는 겉치레 말이 아니라 진심으로 사람에게 다가가 본심을 전달하고 세상과 소통하여 변화를 꾀하고 싶은 모든 이들에게 이 책은 '현명한' 말의 기술을 알려줄 것이다.

인생의
판을 바꾸는
6가지 방법

열정의 힘

재클린 최 지음 | 15,000원

인생의 판을 뒤집는 경험을 배우고,
삶의 지혜를 더하는 통찰을 얻어라!

세상에는 두 부류의 사람이 있다. 상처에 굴복하여 웅크리는 사람과 역경을 딛고 용기 내서 세상에 부딪치는 사람. 삶의 주도권을 잡는 이들은 상처를 딛고 일어서 자기 길을 찾는 사람들이다. 저자는 이 같은 삶의 태도를 결정하는 것이 '열정'이며, 이런 태도를 가능하게 하는 에너지가 바로 '열정의 힘'이라고 단언한다. 예술경영자, 음악감독, 음악기획자, 평론가, 칼럼니스트, 매거진 발행인 등 자신의 영역을 끊임없이 확장하고 있는 저자가 '열정 파워'로 삶의 통찰을 얻은 비법을 소개한다.

하루 1% 15분 꾸준함의 힘

노승일 지음 | 14,500원

평범한 나를 특별하게 만들어주는
'꾸준함'의 힘을 경험하라!

항상 하던 다짐들이 작심삼일로 끝나는가? 결국 오늘도 포기하고 '내일부터 시작해야지'라며 하루를 흘려보내는가? 그리고 이 패턴이 매일같이 반복되는가? 그렇다면 이 책에서 하루에 단 1%, 15분만 꾸준히 투자하는 방법을 찾아보라. 성공, 좋은 관계, 건강, 행복 등 개인의 삶 속에서 세웠던 목표를 꾸준함의 힘으로 달성할 수 있을 것이다. 가난했던 한 청년의 가슴 설레는 도전들이 가득 담긴 이 책을 통해 독자들은 작심삼일과 무기력, 자괴감의 늪에서 빠져나와 새로운 인생을 살아갈 강력한 동기를 얻을 것이다.

1년 100권 독서법

차석호 지음 | 13,800원

"오늘부터 책과 조금 친해지기로 했다"
하루 3시간 조금씩 꾸준히 읽는 1년 100권 독서법!

4차 산업혁명 시대 이전에는 가지고 있는 지식의 양이 많아야 살아남을 수 있었다. 오늘날은 가지고 있는 지식을 창의적으로 활용하는 사람만이 살아남을 수 있다. 창의력 향상에 도움이 되는 것은 누가 뭐라고 해도 독서다. 독서가 좋다는 것은 알지만 이런저런 이유로 책과 친한 어른은 드물다. 저자는 인생의 시련 앞에서 한 권의 책을 만나 마음가짐을 바꾸고 인생의 전환점을 맞았다. 독서의 효과를 몸소 경험한 저자가 제안하는 조금씩 꾸준히 읽는 '1년 100권 독서법'을 만나보자.